———キリスト教研究叢書———

東アジア・キリスト教研究とその射程
無教会キリスト教を中心に

芦名 定道

三恵社

はじめに

　本書は、これまでに刊行された『近代日本とキリスト教思想の可能性——二つの地平が交わるところにて』(三恵社、2016 年)、『東アジア・キリスト教の現在』(三恵社、2018 年) とともに、「東アジア・日本・キリスト教」をめぐる一つの研究テーマを構成するものであり、本書は既刊の二書と合わせていわば三部作となっている。既刊の二冊が、近代日本のキリスト教思想研究の方法論と東アジア・キリスト教のより実態的な側面とにそれぞれ焦点を合わせていたのに対して、本書は、これらの議論を前提に、無教会キリスト教——内村鑑三、矢内原忠雄、南原繁の 3 人——を中心として近代日本のキリスト教思想の内実へと迫る試みであり、その上で、東アジア・キリスト教研究の可能性が展望される。

　本書に収録された諸論考(「むすび」を含めた 6 つの章は、それぞれ独立の 6 つの論文として執筆された)は、これまでの著書と同様に、過去 10 年ほどの間にさまざまな機会に行われた研究に基づいている。まず、それぞれ初出について、説明しておきたい。

　第一章は、市川裕編『世界の宗教といかに向き合うのか』(月本昭男先生退職記念献呈論文集・第 1 巻、聖公会出版、2014 年) に収録された「キリスト教史における無教会の意義」が元になっている。次に第二章は、北陸宗教文化学会『北陸宗教文化』第 24 号 (2011 年) に収録された、「日本的霊性とキリスト教——キリスト教土着化論との関連で」が、第四章はキリスト教文化学会『キリスト文化学会年報』No.61 (2016 年) に収録された、「原子力とキリスト教思想——矢内原とティリッヒ」が初出であり、これらはそれぞれの学会における講演が論文化されたものである。これらに対して、第五章は、京都大学文学研究科・日本哲学史専修『日本哲学史研究』第 13 号 (2017 年) に収録の「南原繁の政治哲学とその射程」が初出であるが、この論文は 2017 年度の京都大学文学研究科における南原演習が元になった。最

後に、第三章とむすびは、それぞれ、「アジア・キリスト教・多元性」研究会のジャーナルである『アジア・キリスト教・多元性』の第13号（2015年）と第15号（2017年）に収録の「キリスト教平和思想と矢内原忠雄」「東アジア・キリスト教研究の可能性―現状と課題―」に基づいている。

また、本書に収録された諸論考は、以下の科研費の交付を受けて、自然神学や科学技術の神学というテーマについて行われた研究の一環として位置づけられる。それは、自然科学や科学技術の神学を、東アジアの文脈で具体化するという研究構想である。

- 平成25～27年度の基盤研究(C)・課題番号25370070「自然神学の言語論的転回とその社会科学への拡張―聖書・環境・経済―」(3,500千円)。
- 平成28～30年度の基盤研究(C)・課題番号16K02180「拡張された自然神学の具体化としての『科学技術の神学』―東アジアの文脈で―」(3,400千円)。

本書は、上に説明された論考が元になったものであるが、これらの論考は本書に収録されるに当たって、科研費（課題番号16K02180）による研究の研究成果とふさわしいように大幅に書き直されている。つまり、本書は東アジアの文脈で「科学技術の神学」を展開する際にその前提となる東アジア・キリスト教の思想研究について論究するという構想の中に位置づけられるべきものなのである。

　以上の研究を進めるにあたっては、実に多くの方々から助力と協力をいただいた。その方々の名前は逐一挙げることは省略させていただくが、「アジア・キリスト教・多元性」研究会のメンバーの方々、そして京都大学文学研究科における演習に参加いただいた学生諸君に対して、感謝申し上げたい。

　また、本書の刊行は、既刊の二書『近代日本とキリスト教思想の可能性――二つの地平が交わるところにて』（三恵社、2016年）、『東アジア・キリスト教の現在』（三恵社、2018年）と同様に、三恵社の全面的な協力によって可能になった。その機会を与えていただいた、木全哲也代表取締役と、担当者

として刊行作業を行っていただいた片山剛之さんに対して謝意を表したい。

2018 年 10 月
芦名定道

目　次

はじめに 3

第一章　近代キリスト教と無教会キリスト教のダイナミズム
　　　　.. 7

第二章　内村鑑三と日本的キリスト教
　　　　―鈴木大拙との比較によって― 23

第三章　矢内原忠雄と平和思想 42

第四章　原子力とキリスト教思想　―矢内原とティリッヒ―
　　　　... 66

第五章　南原繁の政治哲学とキリスト教思想 79

むすび　東アジア・キリスト教研究の可能性 101

文献表 117

人名索引 128

第一章

近代キリスト教と無教会キリスト教のダイナミズム

一　はじめに

「『無教会』と云へば無政府とか虚無党とか云ふやうで何やら破壊主義の冊子のやうに思はれますが、然し決して爾んなものではありません、『無教会』は教会の無い者の教会であります、即ち家の無い者の合宿所とも云ふべきものであります、即ち心霊上の養育院か孤児院のやうなものであります、『無教会』の無の字は『ナイ』と訓むべきものでありまして、『無にする』とか『無視する』と云ふ意味ではありません」[1]（なお、引用はルビを省略）

　無教会は、近代日本キリスト教における重要な研究テーマであり、これまで多くの研究がなされてきた。また無教会の起点にたつ内村鑑三は、近代日本キリスト教の文脈を超えて、近代日本自体を批判的に理解しようとする際に、欠くことのできない思想家であり、これは内村研究の広がりが示す通りである[2]。

　無教会はキリスト教史、特に近代キリスト教史の中にどのように位置づけることができるか、無教会キリスト教の動向から、どのような近代以降におけるキリスト教の可能性を読み解くことができるか。これが本章のテーマである。内村鑑三と無教会については、最近も次々と新しい研究が刊行されて

いることからもわかるように[3]、無教会とは何かという問いは、すでに解決済みのものではなく、いまだ係争中の問題であると言わねばならない。なぜなら、内村とその弟子たちが追及したキリスト教を近代日本に伝道するという課題は続く世代への継承を求めつつ、現在、進行中だからである。すなわち、キリスト教史における無教会についての理解は、キリスト教自体にとって、過去の歴史的な問いであると同時に、現在から未来への可能性に関わるものであって、ここに無教会を問う意義が存在するように思われる。

　本章は、次の順序で進められる。まず、キリスト教史、特に近代キリスト教史における無教会の位置を、トレルチらの類型論を参照しつつ論じ、無教会のダイナミズムの概略を検討する。次に、無教会のダイナミズムを、その活動様式あるいは内村と弟子との関わりを通して、より立ち入って論じてみたい。そして最後に、無教会との関わりでキリスト教の未来を展望しつつ、本章を結びたい。

二　キリスト教史と無教会

　無教会という共同体をキリスト教史の中に位置づける場合、さまざまな視点と方法論が考えられるが、ここでは、社会との関連におけるキリスト教の類型論、特にトレルチが社会教説との関わりで詳細に展開した類型論を参照するという方法を採用することにしたい。というのも、無教会の特徴として、国家論や非戦論といった社会教説に関連した思想テーマを挙げることができるからである――本書の以下の章で論じるように――。実際、これまでの無教会研究でも、トレルチの類型論はしばしば参照されてきたものであり、この点について赤江達也は次のようにまとめている[4]。

　赤江によれば、「トレルチとの関連で無教会を検討する議論」は、1949年の関根正雄と竹森満左一の論争にさかのぼる（赤江、2013、19）[5]。もちろんこのトレルチの類型論への注目は、大塚久雄を起点とするマックス・ヴェーバー研究と密接に関わっている。「無教会の自己理解において重要な枠組みとなったのが、マックス・ヴェーバーの宗教社会学」（同書、280）であり、

「無教会では、たしかにヴェーバーが描いた『ピューリタン』が理想化されている」（同書、282）。内田芳明やガルドローラの研究に見られるように、従来、無教会をトレルチの類型論における「ゼクテ」に対応させる見解が有力であった。

> 「『無教会＝ゼクテ』仮説は、プロテスタンティズムの徹底という無教会主義の自己理解とうまく合致しており、しかも戦後社会科学の枠組みにぴったりと沿うものであったために、通説として流布することになる」、「この仮説には大きな問題点がある」、「無教会では・・・メンバーシップ（成員資格）を定める規則や儀式（聖礼典）をもたないことが強調される。」（同書、18）

しかし、より最近の研究動向において注目されているのは、「神秘主義」仮説である。これは、たとえば、澁谷浩らの研究に見られる議論であるが、赤江は、雑誌というメディアによる無教会の伝道方式において展開された「紙上の教会」という無教会理解と関連づけることによって、「神秘主義」仮説を支持している（同書、20）[6]。

このゼクテと神秘主義のいずれの類型が無教会を理解するに適切かという問題は、無教会研究にとって重要な論点であり、詳細に検討するに値するであろう。以下、トレルチの『社会教説』（1912年）によって、ゼクテと神秘主義の関連、特に近代における両者の関わりについてのトレルチ自身の見解を確認したい。やや長くなるが、ポイントとなる部分を引用してみよう[7]。

> 「最初から、キリスト教的理念の社会的自己形成の三つの主要類型、つまり、教会（Kirche）、ゼクテ（Sekte）、神秘主義（Mystik）が現れていた。
> 教会は、贖罪の行為を帰結する救済と恩恵の制度機関であり、大衆を受け入れ、世俗世界に適合することができる。なぜなら、教会は客観的な恩恵と贖罪の宝のために、主観的な聖性を度外視することができるから

である。

ゼクテは、厳格で意識的なキリスト教徒の自由な結合であり、真に再生した者としての集まり、世俗世界から自らを分離し小集団に制限された状態に止まり、恩恵の代わりに律法を強調し、その集団内に多かれ少なかれ急進主義をもって愛のキリスト教的生活秩序を打ち立て、一切を来るべき神の国の開始と待望に向ける。

神秘主義は、礼拝と教えにおいて確立された理念世界を純粋に個人的で内的な心情所有へと内面化し直接化することである。その際に、ただ流動的でまったく個人的に制約された集団形成へと自らを集約し、ほかの礼拝や教義や歴史的連関を溶解させる傾向を示しうるだけである。」(Troeltsch, 1912, 967)

このトレルチによる類型論を参照するとき、無教会をゼクテと捉える見解も、あるいは神秘主義と捉える見解もそれぞれに一定の論拠があることがわかる。無教会が先生と弟子との師弟関係を核とする集会を活動の中心としている点では、それは、「厳格で意識的なキリスト教徒の自由な結合であり、真に再生した者としての集まり、世俗世界から自らを分離し小集団に制限」されるというゼクテ類型の特徴に合致するかに見える。しかし、赤江が論じるように、雑誌の読者という視点から見れば、無教会は神秘主義の性格、つまり、読者個人の内的な心情に基づく「ただ流動的でまったく個人的に制約された集団形成」と解することも可能である。赤江（2013、304）は、無教会キリスト教とは、「紙上の教会」「『読者である信徒』によって担われる宗教思想運動」であると結論づけているが、しかし少なくとも「紙上の教会」はトレルチの神秘主義類型と完全に重なるわけではない。神秘主義が有する内面化と直接化という特性は、無教会が生み出した雑誌の読者で実現しているとは限らないからである――少なくとも、これを検証することは困難と言わねばならない――。また、赤江も言及している、矢内原忠雄の「自由ヶ丘集会」や藤田若雄の「誓約集団」は典型的にゼクテ的と言うのにふさわしいであろう。無教会キリスト教との関わりの深化プロセスとして「読者→聴衆→

会員」という順序・パターンを想定すること（赤江、2013、127）が、また無教会の社会的集団的性格についてはゼクテと神秘主義の二重性あるいは両極構造と捉えることが必要であり、無教会キリスト教を二つのいずれか一方に還元することは困難であるように思われる。

　これは、トレルチの類型論が、ヴェーバーのいう「理念型」（Idealtypus）と解しうるとする、森田（1972、233）や近藤（1996、172）のトレルチ研究を参照するならば、理解困難なことではない[8]。また、このことは、トレルチ自身が、スピリチュアリスムスまた神秘主義が「ゼクテ団体との混合において顕在化する」（Troeltsch, 1912, 848）と述べることからも確認できるであろう。トレルチの『社会教説』は、その膨大な資料に基づく多くの知見を含む論述にもかかわらず、方法論的な理論化は必ずしも十分ではなく、類型論についても曖昧さが見られる。しかし、諸類型がさまざまなバランスで結合することによって、現実の歴史的キリスト教が成り立つと考えられている点は明瞭であり、それは赤江（2013、33）も指摘するところである。さらに言えば、類型論とは問題の歴史現象を分析する研究者が自らの視点に従って設定するものであり、同じ用語を用いても、そこで何を典型例として参照するかによって、研究者間で意味のずれが生じることを念頭におかねばならない。ゼクテも神秘主義もそうであるが、特に、問題なのは、「教会」概念である。

　次にこの教会概念について考えてみよう。以上のゼクテと神秘主義との両極構造が近代のキリスト教に特徴的なものであることを念頭におくならば、キリスト教史における無教会キリスト教の位置をその近代性から解することが可能になる。なぜなら、教会類型の典型である国教会というキリスト教の形態は、近代の政教分離システムの進展によって事実上解体の方向に進まざるを得ないことになり――少なくとも近代の国教会は自由教会を前提にしている[9]――、したがって、近代キリスト教の特徴は、トレルチの類型論に従えば、ゼクテ的神秘主義的な特性の中にこそ見出されるからである。では、無教会は単なる教会の否定なのであろうか。これに関しては、次節で論じるとして、ここでは、トレルチの類型論における類型としての教会と、内村や

無教会が対峙することになった教派——Ｈ・リチャード・ニーバーの規定する意味での[10]——としての教会とを区別することの必要性を指摘しておきたい。果たして、無教会キリスト教はトレルチの教会類型の諸特性のすべてを否定しているのであろうか。むしろ、近代キリスト教自体がゼクテ的で神秘主義的な特性を顕著に示すとき、無教会と教会との相違は相対的なものとなるのではないか。この点で、次の古屋安雄の指摘は再考すべきものと思われる。

> 「所詮トレルチの三類型が示すように、教会も無教会もエクレシアの一つの類型であるならば、おのれを絶対化するのではなく、おのれの相対性を認めつつ、互いに補完しあうことが必要であろう。」[11]

　この問題は、無教会キリスト教に対して次のような問いを投げかけることになる。無教会は無教会であるというそのこと自体から、まさにキリスト教会の存在を必要するのではないのか。再度、トレルチに戻るならば、この論点は、「それら（三類型。引用者補足）は、相互に必要としあっており、互いに他類型によって補完されなければならない。」（近藤、1996、179）と表現することができる。これは、類型論という方法論自体の特性という点からもさらに追及されねばならない課題である。

三　無教会のダイナミズム

　無教会キリスト教は内村から始まり彼に連なる人々に受け継がれる中で、集会と雑誌という二つのものを結び付けることによってその活動を進めてきた。ここに、近代以降のキリスト教の一つの可能性を見ることができる。集会と雑誌、あるいは前節で問題にしたゼクテと神秘主義は、内的緊張をはらむ両極構造をなしており、ここから、いわば、無教会の多様性が展開することになったと考えられる。この多様性は内村自身に内包されていたものであり、無教会の本質に関わるものである。

「この『無教会』とは、明快なようでいて実は複雑な要素を含んだ概念である。ゆえに、『無教会とは、教派的組織なのか、運動なのか、それとも思想・理念なのか』、という問いに対して明確な答えを導き出すことは困難である。少なくとも、内村鑑三が『無教会』という言葉を用いるとき、そこには大きく分けて二通りの意味合いがあるように思われる。広義の無教会、すなわち理念としての無教会を指す場合と、狭義の無教会、すなわち具体的な彼と弟子たちによる集団としての無教会集会を指す場合と、である。」[12]

内村鑑三において、無教会が「彼の伝道活動の形態を指すものとして使われた最初の例」は、1901 年のパンフレット『無教会』であると言われるが（岩野、2013、149）、本章冒頭で引用したように、そこで内村は、「『無教会』は教会の無い者の教会であります」（内村、1901、71）と述べるとともに、「真正の教会は実は無教会であります」（同書、72）とも語っている。一つは教会の否定あるいは欠如としての無教会であり、もう一つは現実のキリスト教会を超える真のキリスト教会としての無教会である。この後者の意味における無教会（＝真正の教会）は、現実の教会、教派的教会もそれが一つの教会である限り、常にそれらがそれへと参与しているはずのものであり、無教会は教会の単なる否定ではないことになるだろう。この両義性を明確にするために、ここでは、内村と塚本虎二との対論を取り上げることにしたい。

塚本は内村のいわば後継者の一人と言うべき存在であるが、両者の関係はさまざまな問題を含んでいる（無教会史研究会編『無教会史Ｉ　第一期 生成の時代』を参照）。特に注目すべきは、両者における無教会主義理解の相違である。もちろん、塚本の無教会主義は内村の考えを基盤にしそれを継承したものであるが、しかし両者の関係は、塚本自身が『内村鑑三先生と私』（1930年）などで繰り返し述べているようにかなり複雑である[13]。それは、塚本の論文「無教会主義とは何ぞや」に対して内村がどのような書き直しを求めたかという点から確認することができる。『内村鑑三先生と私』に所収の「附箋

附無教会論」には、内村が塚本の最初の論文原稿にどのような修正を求めたかが「附箋」として収録されており、内村の「無教会主義を知る上に於て貴き記録」(同書、20)となっている。いくつかの附箋を引用してみよう。

> 塚本1:「私は答へる。『いいえ、違ひます。根本的に、本質的に相違ひます！』と。麦と毒麦とが同じではない如くに、両者の間には実に雲泥の差がある。」
> 内村1:「此辺少し言過ぎだと思ひます。南バプテストの如き、ルーテル教会の一部の如き克く我等と一致してゐます。」
> 塚本2:「柏木に往く者が何故異教徒であるか、明日に理由を指摘して下さい。何時でもお相手致します。出鱈目もいい加減にして頂き度い。」
> 内村2:「此辺、全般的に事実ではありません、或教会では柏木を尊敬してゐます。今やすべての教会が柏木の敵であるのでありません」(同書、22)
> 塚本3:「何故ならば、若し私の信ずる所が誤りであつて、教会の信ずる所の方が正しくして、信仰のみでは不可であるならば、私の救は絶望であり、私がキリストを信ずる理由は消滅するからである。」
> 内村3:「Either--orとする迄の問題ではないと思ひます。今は三十年前とは大分に異ひます。今や教会と死を賭して争ふべき時ではなく、彼等の友となりて導いてやるべき時であると思ひます。」(同書、27)

以上から分かるのは、無教会と教会を峻別し教会を端的に否定する塚本の無教会主義理解と、内村の無教会論との微妙の差異、いわば温度差とでも言うべきものである。附箋の中で内村が「三十年前」と述べているように、塚本の議論はある時期の内村、ある文脈での内村の論考にも見出すことは不可能ではないであろう[14]。内村の無教会論は、一方でそこから、塚本の無教会主義が展開できる方向性を含みつつも、他方では、それを「言過ぎ」であるとする余地を残しているように思われる。その意味で内村は曖昧であるとも言えるし、柔軟であるとも言える。内村の弟子たちはそれぞれの仕方で内村

自身の中に共存している可能性の内、一定の範囲のものを受け継ぎ発展させたと言うべきかもしれない。

　以上から確認できることは、内村において、そして無教会キリスト教全体においても、教会概念の両義性（真正のエクレシアと歴史的教派的教会）に対応して、無教会と教会との関係は常に両義的であったということである。そしてこれに、前節で見た集会と雑誌という二つの活動形態が交差することになり、無教会キリスト教の多様性、あるいはダイナミズムが生成することになるのである――もちろん、これに集会を主催する独立伝道者の個性が加わることは言うまでもない――。

　こうした無教会キリスト教の多様性を考える上で、塚本虎二はきわめて重要な位置を占めている。というのも、塚本の系譜から、二つの興味深い無教会の展開が確認できるからである。その一つは、無教会派聖書学者であり、もう一つは、無教会霊性派である。まず、無教会派聖書学者から見ることにしよう。

　「敗戦後の無教会運動における新たな展開として、まず挙げられるのが、欧米で学んだ聖書学者の登場である」（赤江、2013、257）と指摘される通り、無教会キリスト教のダイナミズムを端的に示す動向の一つは、日本の聖書学において活躍する無教会派聖書学者の存在であろう。またしかも、その中心的担い手となった、関根正雄、中沢洽樹、前田護郎のいずれもが、塚本虎二と密接な関わりを有していることは、注目に値するであろう。内村鑑三の無教会キリスト教が雑誌と集会の二つの活動形態をもっていたことはすでに論じたところであるが、そのいずれもが聖書研究を中心にしており、その点で、聖書研究こそが無教会の核心に位置することは疑いない。しかも、この聖書研究とは信仰的建徳的な聖書読解にとどまらず、まさに近代的学問の性格を有する「研究」として追及されたのである。したがって、無教会キリスト教の系譜から聖書学者が多く誕生したのはそれ自体不思議なことではない。また、その中に塚本の弟子と言うべき人物が含まれていることも、塚本こそが内村の聖書研究の学的側面の継承者であったことから十分に了解できることであろう。その成果が塚本訳新約聖書である。さらに、こうした聖書

学への展開は、宗教改革の聖書主義が近代聖書学へと至る可能性をもっていたこととの並行関係で解することができるかもしれない。しかし、ここで確認したいことは、この聖書学への展開が、近代以降の神秘主義類型の動向と合致する点である。

　「神秘主義は学の自律性に対する親和性をもっており、学的な教養層の宗教性にとって避難所を形づくったのである。」(Troeltsch, 1912, 967)

　まさに無教会は、日本においても形成されつつあった教養市民層の知的欲求に応じる側面を有していたのであり、それは、無教会の集会が教派教会以上に学校的性格を特徴としていた点にも表れている。この点で、無教会キリスト教には、近代以降の状況における神秘主義の展開に合致した教養宗教としての性格を確認することができるであろう[15]。したがって、聖書研究から聖書学への展開は、無教会キリスト教にとって必然的な動向であると言わねばならない。
　しかし、この聖書学への展開は、無教会キリスト教において問題を生じることはないのであろうか。なぜなら、無教会は19世紀の自由主義神学とは異なり、キリスト教の基本的な教理（神論、キリスト論、贖罪論、聖書論など）に関しては伝統的な理解にたっており――たとえば『内村鑑三選集7　聖書のはなし』（岩波書店）に収録された諸論考から得られる内村の思想はきわめて伝統的と言いうるものである―――、それは聖書学がもたらす研究成果と衝突する可能性をもつとも考えられるからである。また、神秘主義類型の特徴とも言える個人主義的傾向は、聖書の読解における個人的な解釈につながることによって、集会としての無教会キリスト教の秩序との間で緊張を生み出すことも予想される。聖書学や個人の聖書読解のもたらす解釈の幅に一定の制約を課そうとするならば、それは、関根正雄が指摘する「共通の言語すなわちロゴス」（関根、1948、15）としての「神学」とは別の意味での神学（いわば「教派的」な神学）を必要とするはずである。「紙上の教会」（読者のネットワーク）という点では、個人主義的傾向は大きな問題を生じない

とも言えるが、集会としての無教会にとっては問題なしとは言えないであろう。

次に、塚本との関連で発生したもう一つの動向へと目を向けることにしよう。それは、「無教会派霊性運動」と呼びうる動き（赤江、2013、262）であり、その中核となるのは、手島郁郎の「キリストの幕屋」運動である（宗教法人名は「キリスト聖書塾」。「原始福音運動」などとして知られる）。手島は塚本虎二に傾倒する無教会派の信徒であったが、神の臨在を体験し伝道活動を開始した。手島のキリスト教理解には、「聖霊のバプテスマ、癒し、異言などペンテコステ派の特徴」が顕著であり、このペンテコステ派的特徴が広まる中で、手島は「無教会運動の全面的な決別」に至ることになった[16]。しかしその伝道雑誌『生命の光』には、当初塚本をはじめ無教会キリスト教関係者が手紙や論考を寄稿している。

　「手島の有力な協力者となったのが、先に見た関根正雄であり、東大のドイツ語教師・小池辰雄であった。彼らはいずれも塚本集会の主要メンバーであった。」（赤江、2013、264）

もちろん、手島らの無教会派霊性運動を無教会キリスト教に即してどのように評価するかについては、十分な分析が必要であるが、マリンズは、内村鑑三、松村介石、川合信水らの「土着運動」に続く「第二波の土着運動」として手島郁郎と原始福音運動を位置づけ、内村の無教会キリスト教と手島との関係を論じている（マリンズ、2005、157-169）。すなわち、手島と内村との関係は聖書研究をめぐるものなのである。

　「聖書の原典に立ち戻り、独立したキリスト教土着のあらわれを展開しようとした内村の試みに、手島は強く共感した」（同書、158-159）、しかし、「手島によれば、無教会運動の教師はすぐれた聖書学者かもしれないが、新約にある生きた信仰が欠けている。」（同書、159）

聖書研究という点で、無教会派聖書学と無教会派霊性運動は重なりつつも、ここから分かれて行くのである。注意すべきことは、手島的な霊性運動へ至る契機が内村自身にも潜在していた点である。もちろん、内村は再臨運動との関わりを含めてしばしば指摘されるように、ペンテコステ派的な霊性運動には批判的である（岩野、2013、164-169）。しかし、内村が信仰などを論じる際のポイントとなる「実験」は、直接的な体験という点での神秘主義的な側面と無関係ではなく、霊性運動とも重なりうる契機を内包していたと言えないであろうか。実際、この実験や経験という契機の強調は宗教改革に遡及する近代キリスト教の特徴の一つであり、それは聖書主義を生み出すと同時に、霊的体験の強調とも結びつくことができたのである。宗教改革が内包していた諸動向が後に相互対立を伴いながら顕在化したのと同じ事態を、内村以降の無教会キリスト教の展開においても確認できるのではないだろうか。そのように考えれば、内村から塚本への無教会キリスト教の展開が、聖書学的聖書研究と霊性運動との双方を生み出したことも理解できるように思われる。ティリッヒは彼のキリスト教思想講義において、宗教改革以降の思想の諸動向の展開を論じる中で、「敬虔主義と合理主義との共通点は、神秘主義的要素である」、「ギリシア文化でも近代文化でも、合理主義は神秘主義の娘である」[17]と指摘しているが、敬虔主義と合理主義との結合は無教会キリスト教においても確認できるのではないだろうか。これは、教会類型が後退する中で近代キリスト教に生じた事態なのである。そして、この二つの動向が相互に遊離し始めるとき、一方における知的で合理主義的キリスト教と、他方における熱狂的な体験主義的なキリスト教という分極が発生するのである。

四　むすび

　無教会キリスト教が、近代日本の思想的文脈あるいは近代以降のキリスト教史の文脈において、まさに「近代」を特徴付ける動向として注目できることについては、これまでの本章の議論から一定程度明らかにできたものと思われる。特に、強調したいのは、ゼクテと神秘主義、集会と「紙上の教会」

という両極構造で展開した無教会キリスト教が、近代キリスト教あるいは近代世界において、基本的にトレルチの言う教会類型が後退する状況下でのキリスト教の一つの可能性を提示したものであるという点である。そして、この両極構造は内村鑑三自身に内在するともに、彼以降の無教会キリスト教の多様な動向を生み出すことになったのである。

　最後に、この無教会キリスト教の動向から現代のキリスト教の現状へと議論を展開することによって、本章の結びとしたい。無教会キリスト教の特徴の一つが「紙上の教会」という活動形態にあることは、繰り返し確認した通りであるが、では、現代のＩＴ時代において、「紙上の教会」はさらに「サイバー教会」「ヴァーチャル教会」「ネット教会」と言いうるものへと発展すべきであると言えるだろうか。サイバー教会への動きはすでにこの数十年間において顕在してきており、決して架空の話ではない。雑誌読者のネットワークとしての「紙上の教会」がその特性を発揮しようとするとき、サイバー教会に行き着くのは当然の成り行きかもしれない。これは、教会類型ともゼクテ類型ともいわば対極に位置しており、教会類型からの脱却という点では無教会の志向性と合致し、しかし、ゼクテ類型との異質さという点では内村と弟子たちの無教会とも異質である。

　論者は、以前に「インターネットを介した新しい活動の進展」がキリスト教に何をもたらすのかについて論じたことがある[18]。その後、このテーマに取り組むなかで考えさせられたのは、歴史的なキリスト教の活動の内、サイバー空間に移行できるものは何であり、何が移行できないかという問題であった。テキストや映像や音声という形態の活動をサイバー空間に移行するのはそれほど困難ではない。しかし、キリスト教あるいは宗教における自然との絆とでもいうべき事柄、たとえば、儀礼の物質的側面はどうだろうか。キリスト教の場合で言えば、聖餐のサクラメントである。聖餐のサクラメントを構成するパンとワインの分かち合いはどれほどネット化できるだろうか。サクラメントの物質性は、この儀礼が時間と空間の形式に制約されていることに関わっている。礼拝式が特定の場所において特定に時間に人々が集まることによって行われるのは、人間の共同性が物質的な基盤とその上で可能に

なる対面的な関係性――師弟関係とはこうしたものであろうか――とに依拠しているからにほかならない。この点は、無教会キリスト教の集会も共有するものであろう。「紙上の教会」と集会との両極性において成り立つ無教会キリスト教が、ＩＴ時代にいかなる活動形態を生み出しうるかは、キリスト教全体にとっても重要な意味を有する問題と思われる。

注

(1) 内村鑑三「無教会論」1901 年（『内村鑑三全集 9』岩波書店、1981 年、71-73 頁）、71 頁。
(2) 鈴木範久監修、藤田豊編『内村鑑三著作・研究目録』教文館、2003 年、など参照。
(3) たとえば、比較的最近の内村に関連する研究書として次のものが挙げられる。
　　赤江達也『「紙上の教会」と日本近代――無教会キリスト教の歴史社会学』（岩波書店、2013 年）
　　芦名定道『近代日本とキリスト教思想の可能性』（三恵社、2016 年）
　　芦名定道『東アジア・キリスト教の現在』（三恵社、2018 年）
　　岩野祐介『無教会としての教会――内村鑑三における「個人・信仰共同体・社会」』(教文館、2013 年)
　　柴田真希都『明治知識人としての内村鑑三――その批判精神と普遍主義の展開』（みすず書房、2016 年）
　　役重善洋『近代日本の植民地主義とジェンタイル・シオニズム――内村鑑三・矢内原忠雄・中田重治におけるナショナリズムと世界認識』（インパクト出版、2018 年）
　　柳父圀近『日本的プロテスタンティズムの政治思想――無教会における国家と宗教』（新教出版社、2016 年）
(4) この章の議論は、赤江（2013）から多くの示唆を受けて書かれた。
(5) ここで関根と竹森の論争と呼ぶものは、無教会史研究会編『無教会史Ⅲ別冊　対論――教会と無教会』（新教出版社、1995 年、9-39 頁）に収録された、竹森満左一「キリストの身体なる教会――『無教会キリスト教』をめぐって」（132-161 頁）と関根正雄「世俗性の問題――竹森氏の批判に答う」（162-178 頁）である。これらは、竹森が関根正雄『無教会キリスト教』について行った批評へ関根が行った反論であり、その発端は、関根が行った「無教会の神学」という主張にある。赤江（2013、257-260）を参照。

(6)「紙上の教会」については、土戸博がすでに、次のような指摘を行っている。「キリスト教の場合にも、聖書の言葉は儀礼における朗読や説教を通してはじめて生きたものとなる。内村は無意識のうちにこの条件を満たしていたが、彼に続く無教会主義運動は、彼の意識的主張にそって、書きものにひたすら固執する方向に傾いていったように見える。集団のアイデンティティを保障するしるしは、やはり目に見える『もの』である必要があった。内村は一九〇一（明治三四）年雑誌『無教会』を創設し、これを『紙上の教会』と名づけた。・・・この特質は、書物を通じて近代化の知識を仕入れようと努めていた当時の日本の知識階級の感覚にうまく適応した。」（土屋博『教典となった宗教』北海道大学図書刊行会、2002年、167-168頁）

(7) Ernst Troeltsch, *Gesammelte Schriften 1. Die Soziallehren der christlichen Kirchen und Gruppen* (1912), Scientia Verlag, 1977, S. 967.

(8) 森田雄三郎『キリスト教の近代性』創文社、1972年。近藤勝彦『トレルチ研究上』教文館、1996年。

(9) こうした近代のキリスト教の状況については、たとえば、近藤勝彦『キリスト教弁証学』（教文館、2016年）を参照。

(10) H・リチャード・ニーバー『アメリカ型キリスト教の社会的起源』（ヨルダン社、1984年。Helmut Richard Niebuhr, *The Social Sources of Denominationalism*, Henry Holt & Co., 1929）の24-31頁、を参照。

(11) 古屋安雄「内村鑑三の無教会」（古屋安雄『日本のキリスト教』教文館、2003年、80-112頁）、112頁。

(12) 岩野祐介『無教会としての教会——内村鑑三における「個人・信仰共同体・社会」』教文館、2013年、147頁。

(13) 塚本虎二「附箋的無教会論」1930年（『内村鑑三先生と私』伊藤節書房、1961年、20-27頁）。

(14) 塚本の無教会理解については、塚本虎二『私の無教会主義』（伊藤節書房、1962年）に所収の諸論考、とくに、「無教会主義とは何ぞや」（266-293頁）を参照。「附箋的無教会論」については、この論考の註で言及されている。

(15) 教養宗教あるいは教養市民層の宗教は、西欧近代のキリスト教の特徴というべきものである。野田宣雄の次の文献は、ドイツの文脈についてであるが、教養宗教層の宗教を理解する上で有益である。野田宣雄『教養市民層からナチズムへ——比較宗教社会史のこころみ』名古屋大学出版会、1988年。

(16) マーク・R・マリンズ『メイド・イン・ジャパンのキリスト教』トランスビュー、2005年、160頁。

(17) ティリッヒ『ティリッヒ著作集・別巻三　キリスト教思想史Ⅱ──宗教改革から現代まで』（白水社、1980 年。原著は、1967 年）、33 頁。
(18) 芦名定道「インターネットの普及が新しい可能性を開いた──「広報」から見たキリスト教」、宣伝会議『広報の専門誌　PRIR』2007. July. No.27、22-23 頁。

第二章

内村鑑三と日本的キリスト教
―鈴木大拙との比較によって―

一　問題　――大拙とキリスト教土着化論――

　本章の目的は、鈴木大拙の「日本的霊性論」を手掛かりに、日本におけるキリスト教の土着化という問題への接近を試みることである。したがって、以下の考察は、鈴木大拙のキリスト教理解の全体についてではなく、「日本とキリスト教の土着化」との関わりという観点から、日本的霊性論に限定して行われる。なお、大拙の強烈な神道批判の是非などについては、ここで論じることはできない[1]。

　プロテスタント・キリスト教の伝来から150年が過ぎ、日本のキリスト教史については、すでにかなりの研究の蓄積が見られる。また、「日本とキリスト教」「日本のキリスト教」「日本的キリスト教」についても、たびたび議論がなされてきた[2]。しかし、キリスト教についてはこれまで非日本的な外来宗教であるとの論調が支配的であり[3]、「日本とキリスト教」の関係を積極的な仕方で問うことは、現時点でもきわめて難い問題であると言わねばならない。とくに、その研究の方法論などに関して言えば、それはいまだ議論の途上にある。「日本のキリスト教」とは、キリスト教研究にとっていかなる意味を有するのか、そこで問われている「日本」とはそもそも何を意味しているのか。問題は単純ではない。

　本章では、こうした研究状況を踏まえながら、鈴木大拙の日本的霊性論を参照しつつ、日本におけるキリスト教土着化論が論じられるが、それは、大拙の日本的霊性論が、土着化論として解釈可能な構造を有するからに他なら

ない。実際、鈴木大拙は、明治時代以降の日本仏教思想を代表する巨人の一人であるばかりでなく、現代キリスト教思想においても、キリスト教と仏教との対話・比較という観点からしばしば取り上げられてきた思想家なのである[4]。

考察は、『鈴木大拙全集』第八巻所収の『日本的霊性』と『日本の霊性化』、そして『全集』第九巻の『霊性的日本の建設』に依拠しつつ進められる[5]。まず、第二節では、大拙の日本的霊性論自体の構造を論じ、続く、第三節では、この霊性論の構造を日本における代表的な土着化論である内村鑑三の「日本的キリスト教」と比較する。最後に、以上より明らかになる大拙の日本的霊性論の意義をキリスト教思想の視点より展望し、本章の結びとしたい。

二　霊性とは何か

（1）霊性と宗教

「日本的霊性」論を論じるには、何よりも「霊性」概念についての解明が必要である。ここでは、以下の考察に必要な範囲に限定し、やや大づかみな仕方で、霊性概念を整理することから議論を始めたい。

まず、霊性の意味を理解する上で注目すべきは、精神との関わり、とくに両者の違いである。大拙によれば、通常「精神」は「心・魂・物の中核」を意味し、特に「日本精神」という場合の「精神」は理念または理想、すなわち倫理性（広義の意志）と解することができる[6]。もちろん、「精神」とは言っても、時代によって意味の変遷が見られるが、「精神は限られたもの、そうして霊性は限られないものである」（鈴木、1946、156）とあるように、精神が人間存在の心的活動のレベル──広義の合理性（分別）──に定位するのに対して、霊性とは、人間存在やその合理性の根底に関わるものなのである。この対比は、「知性的なもの」においてさらに明らかになる[7]。

「知性的なるものの特徴は二元的と云うところに在る」（鈴木、1946、29）、「物に対するものとして心を考へるが、霊は心ではない。心と云ふ

と、情とか意とか智とか感覚とか云ふ心理学的作用を指示するのが常である。」（同書、151）

すなわち、知性的なものの世界（知性が関わる世界）は二元的に捉えられた「差別の世界」「対象的な世界」であり、心理学的作用によって規定された日常生活の世界（日常性）、あるいは科学の世界に他ならない。これに対して、霊性とは、こうした二元的な分別の事柄ではない。

では、いかにして、あるいはなぜ霊性について問うことが求められるのであろうか。大拙は、日常の分別の世界で生きつつも、あるいはそれだからこそ、人間には、分別（思索と行為）の依拠する二元論の根拠・源泉を究めたいというやみがたい欲求（＝「真の一」の探究）が生じると指摘する。人間存在における「超越的なもの」への志向性・憧れである。

「真の一は一でも二でもないものであるべきだ。そのやうな一とは何かと云ふに、それは絶対一である、無である、神である。人間の思索はどうしても此処まで進まなくてはならぬ。」（同書、41）

人間が神について何らかの仕方で考え得るということは、日常の分別の世界において生きる人間が、同時にそれを超越する「一元的根源」への関わりを有しているからに他ならない。ここに霊性について語り得る根拠がある。「知性にも知性自らを超越すべき『何物』かが潜在して居ると考へなくてはならぬ」（同書、43）と言われる通りである。もちろん、分別の世界で生きる人間が霊性について語ることができるといっても、それは、通常の語り方においてなされるわけではない。霊性に触れるという体験は、分別あるいは二元性に規定された人間知性にとっては自己矛盾を犯すことであり、自己矛盾において生成する根源的自覚、つまり、日常性の枠組みに収まらないパラドックスという形態を取らざるを得ない。この矛盾を通して「真の一」が直観的に把握されるとき、人間はまさに「霊性的自覚」にふれる。そして、「知性は自らを殺して自らを生かすと云ふ矛盾のところに、自らの真の愛を見る」

（同書、43）のである。

　このような霊性の理解は、現代の様々な思想家によって共有されている。たとえば、現代のキリスト教思想家ティリッヒの用語を用いるならば、霊性とは深みの次元と表現できるであろう[8]。霊性は、超越が内在的な領域と触れ合う存在の深み——啓示が受容される場としての理性の深み——であり、精神や知性の活動の地平である意味世界に対しては、その意味根拠（根底であり深淵）に他ならない。この点で霊性とは、人間が自己の真の存在根拠を脱自的かつ自覚的に直観する存在の次元なのである。霊性は日常の分別の世界の中ではしばしば意識されずに、あるいは忘却されてしまっているにもかかわらず、人間が人間である限り決して失われることがない。

　以上の霊性論から、霊性と宗教の関係についてまとめておこう。「霊性的自覚ということを、他の言葉で云うと、宗教経験としてもよい」（同書、166）とあるように、大拙は霊性の典型的な現れを宗教に見ている。しかし、霊性との関わりにおいて、宗教には次の二つの意味を区別しなければならない——これは、ティリッヒにおける広義と狭義の宗教概念の二義性に対応する[9]——。

① 「一般に解して居る宗教」（鈴木、1944、24）。これは、実定的な個別的宗教あるいは制度的宗教という意味における宗教（狭義の宗教）であり、大拙の言う霊性とは明確に区別する必要がある——もちろん、無関係ではないが——。

② 「本来の意味での宗教」（同書、24）。これは、霊性の次元における宗教あるいは宗教性であり、個々の宗教（①）を宗教たらしめていると同時に、個別的宗教を超えている。つまり、個々の宗教において現実化されるべき可能性としての本来の宗教性であり、まさに霊性とはこの意味での宗教を意味すると言える。

　ここで確認すべきは、こうした本来の宗教性・霊性はすべての民族に可能性として内在しており、それゆえ、霊性はそれ自体普遍的なものであるということ（＝霊性の普遍性←②）、そして、本来的宗教性としての霊性は一定の内的あるいは外的要因によって現実化・具体化されねばならない（＝霊性

の具体化←①。この具体化によってしばしば霊性の歪曲が生じる）ということである——この点については、鈴木（1946、164）を参照——。したがって、霊性は宗教の二義性に対応して、具体化（個別性）と普遍性、現実化と可能性の二重性において存在していることがわかる。この図式に基づいて、霊性の特殊な具体化としての「日本的」霊性を論じることが可能になる。

（２）日本的霊性と仏教

次に、「日本的霊性」における「日本的」の意味へと考察を進めることにしよう。これは、本来普遍的な霊性が、日本においていかなる仕方で現実化（霊性の覚醒）したのかという問題であって、この点に関して、大拙の考えはきわめて明瞭である。

> 「日本的霊性の胎動と見るべきものは、鎌倉時代になって、始めて現れたと、自分は考える。奈良朝及び平安朝時代には、神道はまだ思想的に意識せられないで、ただその原始的のまま本能的に上下を通して、動いていた。」（同書、189）

日本における霊性覚醒の有無について論じる際に問われるべきは、先に説明した意味における霊性の現実化であり（②→①）、この場合に問題となるのは、日本的霊性と仏教との関係である。なお、これまで主に参照してきた『霊性的日本の建設』（1946）では、鎌倉時代における日本的霊性の胎動の例として、浄土系思想とともに、「伊勢神道」が取り上げられているが、その取り上げ方に『日本的霊性』（1944）との微妙な差が感じられる[10]。以下においては、鎌倉仏教における浄土系と禅という枠組みが明確に述べられている『日本的霊性』の記述にしたがって、議論を整理することにしたい。

大拙の議論の要点は、「霊性の日本的なるものは何か。自分の考えでは、浄土系思想と禅とが、最も純粋な姿で、それであると云ひたいのである」（鈴木、1944、25）との言葉において端的に提示されている。日本的霊性が情性的に顕現したのが浄土系思想であり、知性的に現実化したのが禅であって、

それを合わせて見るときに、日本的霊性の覚醒の全貌が明らかになるというのが、大拙の主張である。しかしこうした主張には、いくつかの点で説明が必要であろう。ここでは、大拙の議論から、次の二つのポイントに注目することにしたい。

（1）第一のポイント。仏教は外来の宗教ではないこと。

　「浄土系も禅も仏教の一角を占めて居て、仏教は外来の宗教だから、純粋に日本的な霊性の覚醒とその表現ではないと思はれるかも知れない。が、自分は第一、仏教を以て外来の宗教だとは考へない、随つて禅も浄土系も外来性をもつて居ない。」（同書、25）

　もちろん、歴史的事実という観点から見れば、日本にとって仏教は外来の宗教である。しかし、大拙は鎌倉仏教を外来の宗教とは考えない。この点を理解するには、鎌倉以前の万葉と平安の時代にも、確かに宗教と名づけられるものはあったが、「日本的霊性はそれまでは一種の冬眠状態に在つた」（同書、31）のであり、日本における霊性の覚醒は鎌倉仏教を待たねばならなかったこと、そしてこの覚醒が次のような外的要因と内的要因に基づいて生じたという議論を念頭におく必要がある。

　まず、日本的霊性の覚醒の外的要因として挙げられるのは、元寇である。元寇は歴史的大事件であり、それは、日本のあらゆる方面に大きな動揺を引き起こし、日本人に自らの国のあり方について反省を促した[11]。この反省の契機こそが、霊性の覚醒にとって決定的な意味を有しているのである。なぜなら、「霊性の動きは現世の事相に対しての深き反省から始まる」（同書、79）ものだからである。しかし、外的要因だけでは不十分である。外的要因には内的要因が呼応しなければならない。大拙は、この内的要因として、平安期の都の享楽的生活と頽廃が、「日本人の生活全体の上に、何となく、『このままでは、すむものでない』と云ふ気分を、無意識ではあるが、起させた」（同書、108）点を指摘する。無意識の不安が内的要因として存在していたからこそ、外的要因は決定的な仕方で作用できたのである。

　このように、霊性の覚醒は外的と内的の二つの要因が創造的に相互作用す

ることによって生じたのであるが、注目すべきは、この相互作用が生起する場となったのが、「農民を背景とする武家階級」とその「大地精神」(同書、74)だったという点である。「大地に根ざすこと」(＝大地性)について、大拙は次のように述べている。

> 「天は遠い、地は近い。大地はどうしても、母である。愛の大地である」(同書、45)、「人間は大地において自然と人間との交錯を経験する。」(同書、46)、「大地の生活は真実の生活である。信仰の生活である。偽りを入れない生活である。」(同書、87)

鎌倉仏教において日本的霊性が覚醒したということは、鎌倉仏教が民衆の実生活の現場において真に日本人の生命へと浸透したことを意味する。浄土系仏教と禅仏教は、民衆の真実の生活の中に目覚めた創造的な霊性的活動を表現するものとなり、それを具現したという点で、まさに日本的霊性自体を内的に担うものとなったのであって、両者は外来的というあり方を超えて、日本文化に土着化したと言うべきなのである。したがって、「日本仏教は日本化した仏教だとは云はずに、日本的霊性の表現そのものだと云っておいてよいのである」(同書、100)。

　(2)　第二のポイント。鎌倉仏教は、日本的霊性の積極的能動的な寄与による仏教の新たな具体化である(日本的霊性の主体性)。

　鎌倉仏教が日本的霊性の覚醒の場でありその現実的表現であることは第一のポイントとして指摘した通りであるが、これを日本的霊性の側から捉えるならば、鎌倉仏教は日本において仏教自体の新しい可能性を実現したものであると言わねばならない。

> 「浄土系思想は、印度にもあり、シナにもあったが、日本で始めてそれが法然と親鸞とを経て真宗的形態を取ったと云う事実は、日本的霊性即ち日本的宗教意識の能動的活現に由るものと云はねばならぬ。」(同書、28)

浄土系思想も禅も中国民族の霊性（中国的霊性）から出たものであるが、鎌倉仏教におけるその新しい展開は日本的霊性の能動的な作用によって生じたもの、つまり、「日本的霊性の洗礼を受けた仏教」（同書、71）と言うべきものなのである。日本的霊性の覚醒としての鎌倉仏教は、日本化という名の下における仏教の非仏教化であるどころか、むしろ仏教の新しい可能性の現実化として理解されねばならない。さらには、日本的霊性が仏教に新しい可能性を与えるものとなったということは、「所謂『日本化』なるものが世界性を持つ」（鈴木、1946、203）ことに意味している。大拙が論じた仏教による日本的霊性の覚醒の問題は、単に日本のみの問題に止まらず、むしろ、日本という特殊な場における世界史的に意味あるものの実現として構想されたのである。先に霊性の説明で導入した図式を用いるならば、個体性・個別性（①）における普遍性（②）の現実化に他ならない。この点は、以下の主張からも確認できる。

　　「新憲法の発布は日本霊性化の第一歩と云つてもよい」、新憲法に明文化
　　された「戦争放棄は『世界政府』又は『世界国家』建設の伏線である。」
　　（鈴木、1947、227）

　この意味で、敗戦による灰燼の中から実現されるべき現代日本の霊性化は、日本が世界に対してなすべき使命と言わねばならない。なぜなら、敗戦によって軍隊を失った日本こそが、世界平和の実現という点で人類の未来に貢献し得るからである。

三　日本的霊性とキリスト教

　以上のような大拙の「日本的霊性」の議論は、いったいどこでキリスト教の問題と結び付くのであろうか。この問いに対しては、大拙と日本キリスト教とが共有する歴史的現代において、と答え得るであろう。日本的霊性論と

キリスト教との関わりを論じるには、大拙と日本キリスト教とが直面する歴史的文脈——明治から第二次世界大戦後に至る歴史的状況——に留意する必要があるというのが、本章の主張である[12]。

これまで見てきたように、『日本的霊性』（1944年）における大拙の論考は、鎌倉仏教に焦点を合わせたものであるが、大拙の問題意識は、「霊性的日本の建設」「日本の霊性化」という現代日本の状況に向けられていた[13]。それだからこそ、大拙は、「日本精神」という軍国主義や排他的国家主義の手垢がついたものから、自らの目指すべき「日本的霊性」を峻別し——「日本的霊性には何等の政治的価値も附したくないのである」（同書、100）——、むしろ、排他的国家主義の批判的解体を通した日本の霊的再建を主張したのである。

そこで、この大拙の歴史的文脈を、日本のキリスト教の側から振り返ってみたい。江戸時代末期に再度伝播したキリスト教は、まさに外来宗教として登場し、近代の日本人によって西洋宗教と認知された。その点で、明治以降の日本のキリスト教にとって、キリスト教の存在意味を日本的宗教性（日本的霊性）との関わりで明確化することがきわめて困難な課題であったことは容易に理解できよう。しかし、同時に、明治日本のキリスト教指導者の多く（内村鑑三、海老名弾正、植村正久ら）は、自らを愛国者であると強く自覚していたのである。これに関して、植村から引用してみよう[14]。

「吾人は国家のため、霊性の救拯のために、神霊主義の大旗を掲げ、全力を尽くしてこの強敵（唯物的精神、引用者補足）を挫かざるべからず。キリスト教徒は日本帝国のためにこの国害を取り除く重任を負える」（植村正久「日本伝道論」、明治27年、88頁）、「日本のキリスト教徒は非常なる熱情、壮烈なる志望とをもって、神に祷告し、今回の事変（日清戦争、引用者補足）が日本帝国の光栄を増し、将来に大関係ある履歴を作り、大いに世界の文明に与力する端を開くに至らんことを求めざるべからず。」（植村正久「世界の日本」、明治27年、95頁）

日本のキリスト者にとって、日本人であると同時にキリスト教徒であることは、きわめて困難ではあるが、同時に、避けて通れない課題だったのである。この課題への取り組みは、一連の「日本的キリスト教」（日本に土着化したキリスト教）の主張となって現れるが[15]、ここに、大拙の日本的霊性論と同一の問題意識を読み取ることができる。この点を具体的に確認するために、以下において、日本的キリスト教の代表者とも言える内村鑑三を取り上げることにしたい。とくに、先に大拙の議論において指摘した二つのポイントとの対応に留意することにする。

　内村鑑三は、日本的キリスト教に関して、しばしば発言を行っているが、大正9年（1920年）の「日本的基督教」（『聖書之研究』245号）で、次のように述べている。

> 「日本的基督教と称ふは日本に特別なる基督教ではない、日本的基督教とは日本人が外国人の仲人を経ずして直に神より受けたる基督教である」、「日本魂が全能者の気息に触れる所に、そこに日本的基督教がある、その基督教は自由である、独立である、独創的である、生産的である、真の基督教はすべて斯くあらねばならない、未だかつて他人の信仰に由りて救はれし人あるなし、而して又他国の宗教に由りて救はるる国ある可からずである。」(231)

　思想的経済的に西欧キリスト教から独立した自由な日本人による日本人のために伝道を行う教会、つまり、内村自身の無教会が目指したキリスト教、これが内村の日本的キリスト教に他ならない。「日本魂が全能者の気息に触れる」という事態は、大拙の表現に倣うならば、「全能者」との関わりにおける日本的霊性の覚醒と言うべきものであって[16]、ここに大拙の日本的霊性論と類似した論理構造が確認できる。以下、この点について、さらに考察を進めることにしたい。

　まず、キリスト教は外来宗教にとどまらず、日本的となり得る（大拙の議論における第一ポイントに対応）。内村は、「もし基督教が日本の国体と相容れ

ざるものならば、日本政府は己に基督教を禁じているはずであります」、「開国以来すでに七十年、基督教の禁制なき以上、国民は基督教と日本の国体とは併立し得る者と見て差支えないものと信じます」(249)と述べている。この内村の言葉は、日本政府がキリスト教を禁止していないのであるから、日本的伝統とキリスト教は両立するといった消極的論拠に基づくものであり、外来宗教ではないことを論じる形式的前提であるとしても、外来宗教にとどまらないと主張するには不十分である。しかしさらに、内村は次の論点を提出する。「基督教は亜細亜に起こった宗教でありまして、特に亜細亜人に適する宗教であります」(293)。内村はドイツ・キリスト教の深い信仰心を高く評価しているが、その理由に関しても、「亜細亜人に最も豊富に具えられたる霊性が、西洋人中ドイツ人に最も克く発達しているからであります」(294)と論じる。「基督教は霊的宗教」であり、それは日本人を含むアジア人の霊性にこそ適合しているというのが内村の主張なのである。ここから、キリスト教は単なる外来宗教ではなく、日本人の心情に根差したものとなるべきであり、またそうなることは可能であることが帰結する。

> 「日本人がクリスチャンであることによって、日本人でなくなるわけではない。それどころか、彼はクリスチャンになることによって、ますます日本人らしくなる」、「わたしがクリスチャンになってからは、以前にもましていっそう日本的になるとは当然であり」(301)、「聖霊が人間の上にくだるとき、聖霊は彼を独創的な人間にする。欧米の宣教師の信仰に改宗させられて彼らの真似をする日本人くらい情けないことはない。」(302)

キリスト教は日本に土着化し日本的になることが可能であり、それによって日本は優れた意味でより日本的なものとなる、これが内村の主張であるが、注意すべきはこれが日本の現実の単純な肯定論ではないということである。むしろ、内村の提唱する日本キリスト教は日本の現実に対する批判性を鮮明に示しており、この点でも『日本の霊性化』『霊性的日本の建設』の議論（日

本主義批判）と共鳴する。

> 「亡ぶべき日本あり、亡ぶべからざる日本あり、貴族、政治家、軍隊の代表する日本、これ早晩必ず亡ぶべき日本にして、余輩は常に予言して止まざる日本国の滅亡とはこの種の日本を指して云ふなり。」(124)

 たとえば、内村が滅亡予言を行う日本とは、足尾銅山事件に現れた富国強兵に奔走する日本である。「日本国が如何に危険の地位にあるかは鉱毒事件を見て最も良く察することが出来るのであります。滅亡です、滅亡です、日本国の滅亡は決して空想ではありません」(132-133)。ここに日本キリスト教の愛国的使命を読み取ることができる。なぜなら、「聖潔の主」を呼び求める日本的キリスト教は、滅ぶべからざる日本を愛する真の愛国者に他ならないからである。「ここの海辺、かしこの山里に正直にして国を愛する日本国の平民が自由の主なるイエスキリストの名を呼びつつあります」(136)。日本的になったキリスト教（黄色人種の基督教国）は、真のキリスト教であることにおいて、同時に真に日本的になるのである。
 こうして、日本文化に土着化した日本的キリスト教は、キリスト教自体に新しい可能性をもたらすものであることが明らかになる（大拙における第二のポイントに対応）。

> 「日本人は西洋人よりも、殊に英米人よりも、より善く、より深く彼を解し奉るの資格を具へられたのであります。故に私どもは今日喜んで彼を迎へ、彼を殊に日本人の救主として仰ぐべきであります。これ彼の喜び給う所であるのみならず、又基督教国全体の喜ぶ所であります。基督教は日本人を待つて其完全に達するのであると思います。キリスト教について西洋人の解らない点がまだ沢山あります。それを闡明するが日本人の天職であります。」(296)、「日本は今や米国堕落の後を受けて、ここに再び基督教復興の功を奏すべきである。」(279)

過去のキリスト教史において未だ実現されていないキリスト教の真実を日本的キリスト教が明らかにすること、この主張に内村の日本人キリスト者としての気概が現れている。日本的キリスト教がキリスト教を完全にする、ここに日本にキリスト教が存在する意味がある。この日本的キリスト教の使命（天職）は、具体的には、キリスト教と日本（アジア）、あるいは西洋と東洋とを仲立ちするという点において確認できる。

　　「日本国は実に共和的の西洋と君主的の支那との中間に立ち基督教的の米国と仏教的の亜細亜との媒酌人の位地に居れり」(9)、「東西両岸の中裁人器機的の欧米をして思想の亜細亜に紹介せんと欲し進取的の西洋を以て保守的の東洋を開かんと欲す　是日本帝国の天職と信ずるなり」(12)

　この文章（「日本国の天職」）は、明治25年（1892年）の内村の若い時代（31才）のものであるが、自己の存在意味（天職）を「人類—日本—自己」という階層的連関で理解しようとする思考方法は内村に一貫したものであり[17]、日本的キリスト教は、一方で内村個人の生に繋がると共に、他方では日本から人類、つまり日本的キリスト教からキリストと神へと繋がる展望の内に位置づけられねばならない。この展望においてこそ、日本と日本的キリスト教の世界史的使命が説かれているのである——「日本は世界に対して重大なる責任を背負い」(78)——。

　以上の二つのポイントから判断して、内村の日本的基督教の議論が大拙の日本的霊性論と類似の論理構造を有していることは明らかである。そこで問われていたのは、内村と大拙が生きた近代日本（両者にとっての現代）における日本的霊性と宗教（キリスト教あるいは仏教）との創造的相互作用の可能性とその意義だったのである。つまり、現代日本における霊性覚醒への寄与という点では、日本のキリスト教は日本的霊性論において大拙が取り組んだものと同じ課題に直面していたと言わねばならない。

四　展望

　大拙と内村との思想的類似性（第一と第二のポイント）に基づいて考えるならば、キリスト教から見た大拙の日本的霊性論の意義は、日本のキリスト教はいかにあり得るのか、日本におけるキリスト教の土着化はいかにあるべきなのか、といった問いについて、大拙を参照しつつ考察を深めることにあると言えよう。内村が追求した日本的キリスト教は、21世紀のキリスト教の存在意味あるいはその思想的可能性を、日本という場において問う場合に避けて通れない問いである。そして、現代日本の宗教状況が宗教的多元性のもとで理解されるべきことを考えるならば、日本的霊性（日本的宗教性）を仏教との関わりにおいて追求した大拙の議論は、第一に参照されるべき論考であり、ここに現代キリスト教思想にとっての大拙の思想的意義の一端があるように思われる[18]。

　しかし、さらなる展望を開くためには、むしろ通常の日本キリスト教土着化論と大拙の日本的霊性論との相違点が重要になる。注目すべきは、日本的霊性の現実化は、理論的な問いととどまらず、具体的な人間の問題であるという点であり——この点は内村においても確認できるが——、大拙が、鎌倉仏教（浄土系）における日本的霊性の覚醒を論じる際に、霊性を表現にもたらした個人、とくに法然と親鸞の二人を、しかも、個々の一人格を超えた霊性的繋がりを取り上げていることである。日本的霊性は、個人において（「親鸞一人がためなりけり」）、個人を超えて（「超個己性の人」）、そして、人と人との関わり・繋がりにおいて働き、個人を超えて継承される。

　　「超個の人（これを「超個己」と言っておく）が個己の一人一人であり、この一人一人が超個の人にほかならぬという自覚は、日本的霊性でのみ経験されたのである」（鈴木、1944、82）、「実は法然と親鸞とを一人格と見るのが正当であろう。」（同書、83）

　では、この個人的・超個的な霊性の自覚は、どこにおいて可能になったの

であろうか。大拙は、この問いに対して、先に論じた「大地性」という観点から答える。

> 「法然上人——親鸞聖人——の霊性的経験は実に大地から獲得せられたもので、その絶対的価値は亦此に在るのである。」（同書、83）

　ここで示唆されるのは、天才的な宗教的個人の個人としての働きが宗教の土着化を可能にするのではなく、むしろ、決定的なのは民衆の生活の現場である「大地」との真実な関わりである、ということなのである。この大地性への注視は、次の引用にあるように、内村においても読み取ることができるかもしれない。

> 「イエスはわたしを世界人とし、人類の友とする。日本はわたしを愛国者とし、それを通して固くわたしを地球に結びつける。」（307）

　ここで内村が指摘する地球は大地と無関係ではない。しかし、内村以外の、あるいは内村以降の日本のキリスト教——内村と同様に日本的キリスト教を提唱する内村の直弟子矢内原忠雄も含めて——はどうだろうか。確かに、キリスト教の土着化はしばしば理論的に論じられ実践的な取り組みが試みられてきた。しかしながら、その場合に、日本のキリスト教はどこに根ざすべきものと考えられてきたのであろうか。これまでの日本のキリスト教は、大地に根差すどころか、結局大地から遊離した状態に陥ってはいないだろうか[19]。大拙が論じる鎌倉仏教と、日本的キリスト教で論じられるキリスト教土着論との決定的な相違と、前者から後者が学ぶべき点は、大地性への眼差しにあるように思われる。

略記号による引用文献

鈴木大拙（1944）『日本的霊性』（『鈴木大拙全集 [増補新版]』第八巻）岩波書店。
　　　　　（1946）『霊性的日本の建設』（『鈴木大拙全集 [増補新版]』第九巻）。
　　　　　（1947）『日本の霊性化』（『鈴木大拙全集 [増補新版]』第八巻）。
内村鑑三（1990）『世界のなかの日本』（内村鑑三選集４）、岩波書店。

　なお、引用は一部表記を変え、種々の傍点を省略して行われる。引用頁は、（著者、発行年、頁）の形式で、たとえば（鈴木、1946、30）と表記するが、内村については、頁のみを、たとえば（220）と示す。

注

(1) 鈴木大拙の日本的霊性論（鈴木（1946、1947））においては強烈な神道批判が展開されており、それに対しては、神道思想研究の立場からの反論が予想される。たとえば、鎌田東二「「日本的霊性」を問い直す」季刊『公共研究』（千葉大学21世紀ＣＯＥプログラム「持続可能な福祉社会に向けた公共研究拠点」）第三巻第一号、2006年、56 — 78頁は、大拙の主張の偏りを指摘している。なお、矢内原忠雄の日本のキリスト教と鈴木の日本的霊性の比較については、次の拙論を参照。芦名定道「日本的霊性とキリスト教」（明治聖徳記念学会『明治聖徳記念学会紀要』復刊第44号、2007年、228-239頁）。
(2) 「日本のキリスト教」に関しては、森本あんり『アジア神学講義――グローバル化するコンテクストの神学』（創文社、2004年）、芦名定道『近代日本とキリスト教思想の可能性――二つの地平が交わるところにて』（三恵社、2016年、とくに第一章）、を参照。
(3) キリスト教は、欧化主義から国粋主義への時代の転換の中で、明治20年代に入ると、大きな壁に突き当たるようになる。それを象徴するのが、内村鑑三の「不敬事件」であり、井上哲次郎のキリスト教批判（「教育と宗教の衝突事件」）であった。井上の議論は、現代に至るまでの日本におけるキリスト教批判の典型と言える。
(4) Fritz Buri, *Budda-Christus als der Herr des wahren Selbst. Die Religionsphilosophie der Kyoto-schule und das Christentum*, Verlag Paul Haupt, 1982.

小野寺功『大地の哲学――場所の論理とキリスト教』三一書房、1983年。
　　　『評論　賢治・幾多郎・大拙――大地の神学』春風社、2001年。
　　花岡永子『キリスト教と仏教をめぐって――根源的いのちの現成としての「禅」』
　　　ノンブル社、2010年。
(5) 本章で取り上げる三つの日本的霊性論が相互に緊密に関連し合っていることは、次の引用からも明らかである――なお、『全集』第二巻所収の小論は、本章では省略――。「三書を相併せて研究せられると、著者の意のあるところは、了解せられると信ずる」(鈴木、1947、228)。
(6) 内村においても、精神と理想とは密接な関わりにある。たとえば、「二つの美はしき名あり、其一は基督にして其二は日本なり、前なる者は理想の人にして後なる者は理想の国なり」(「美はしき名二つ」明治34年、『内村鑑三選集4　世界のなかの日本』岩波書店、1990年、114頁)、「日本国は其王室にあらず、王室は日本の頭脳なり、・・・日本国は山にあらず、河にあらず、湖水にあらず、亦其民にあらず、日本国は精神にしてソールなり」(「日本」明治34年、同書115頁)、「日本国は基督を要す、彼に依るにあらざれば其家庭を潔むる能はず、・・・そは彼は人類の理想なればなり」(「日本国と基督」明治34年、同書116頁)。このように、内村が「二つのJ」として結びつける「キリスト」と「日本」は、精神的あるいは理想的な存在として捉えられている。ここに、鈴木と同様に、精神と現実の対照的区別を読み取ることもできるだろう。しかし、「我が思想の日本はいまに来る、必ず来る」(「我が理想の日本」明治34年、同書123頁)と言われるように、内村では、精神と理想は終末論的な現実であり、ここに鈴木との差異がある。
(7) 「知性」という概念の意味内容は論者によって多岐にわたるが、鈴木大拙が取り上げる「知性」は、理性に対する悟性の意味で解することができよう。
(8) ティリッヒの宗教論については、芦名定道『ティリッヒと現代宗教論』(北樹出版、1994年) を参照いただきたい。
(9) 宗教概念の二重性に関しては、注8の拙論のほかに、芦名定道、小原克博『キリスト教と現代――終末思想の歴史的展開』世界思想社、2001年、2-14頁、も参照。
(10) 「伊勢神道」の扱い方の差異については、『日本的霊性』第二編三の「5」(110-111頁) と『霊性的日本の建設』の第二編第三講 (188-203頁) とを比較いただきたい。なお、大拙の日本的霊性論においてもっぱら取り上げられるのが、浄土系仏教であり、禅への論述がきわめて少ないことについては、大拙の論述が展開された当時の、鎌倉時代における武士と農民との関わり (とくに両者の宗教性) をめぐる歴史的思想史的研究の限界が指摘できるかもしれない。禅と日本的霊性との関連性という論点については、今後集中的な研究が求められる。

(11) 元寇は日蓮の思想とも関わっているが、内村も日蓮論（「日蓮上人を論ず」明治27年、『内村鑑三選集4　世界のなかの日本』岩波書店、1990年、14-40頁）において、元寇に簡単に言及している。
(12) 大拙ときわめて近い関係にある京都学派についても、近代日本のキリスト教との歴史的文脈の共有という論点が指摘できる。この点については、芦名定道「京都学派とキリスト教——現状と展望」『福音と世界』2010.10、新教出版社、30-35頁、を参照。
(13) 大拙が、現代日本における霊性の覚醒にとっての外的要因である戦争と敗戦に呼応するものとして日本仏教の活性化を模索していたことは、次の引用より伺うことができる。「仏教を活かし、真宗を活かす、殆んど唯一の途は、日本的霊性的自覚の主体性に注意するより外ないとすら考へて居る自分である。ここで日本的なものが世界性を加へて来る」（鈴木、1946、203）、「近代日本の歴史的環境が亦能く鎌倉時代に似て居て、更に切迫したものがある」（鈴木、1944、59）。なお、鈴木大拙の国家論については、末木文美士（『明治思想家論——近代日本の思想・再考Ⅰ』トランスビュー、2004年）を参照いただきたい。
(14) 植村からの引用は『植村正久著作集』第一巻、新教出版社、1966年、による。また海老名弾正については、芦名定道『近代日本とキリスト教思想の可能性——二つの地平が交わるところにて』（三恵社、2016年）の第四章、を参照。
(15) 日本的キリスト教については多くの議論が存在するが、その広がりについては、次の文献より確認できる。宮田光雄『国家と宗教——ローマ書十三章解釈史＝影響史の研究』（岩波書店、2010年）、第Ⅱ部「9　天皇制ファシズム確立期のキリスト教」。
(16) 内村が鎌倉仏教、とくに浄土系の法然や親鸞を日本の「信仰家」として高く評価していることは、よく知られているが、たとえば、『世界のなかの日本』（内村鑑三選集4）所収の「我が信仰の祖先」は、「然り、信仰なる哉、而して日本人は七百年前の往昔より既に此の貴き信仰を有つたのである」(207)と結ばれている。
(17) 「人類—日本—自己」という階層的連関において、天職を理解する思考方法は、有名な次の内村自選の墓碑が示す通りである。
　　I for Japan; Japan for the world; The World for Christ; and All for God.
(18) さらに一般化して、キリスト教思想にとっての仏教の意味を論じた拙論として、芦名定道「キリスト教にとっての仏教の意味——近代日本・アジアの文脈から」（日本近代仏教史研究会『近代仏教』第20号、2013年、7-19頁）を参照。
(19) アーレントは『人間の条件』において、人類はこの地球（大地）から自らを切り離す方向に決定的な一歩を踏み出したことを指摘している。これは、宗教の未

来にとっても、無関係ではない。「1957 年、人間によって製造された地球生まれの物体が宇宙へと打ち上げられた」(Hannah Arendt, *The Human Condition*, The University of Chicago Press, 1958, p.1)、「地球はまさに人間の条件とその地上的な本性との本質そのものである。おそらく地球は、人間が努力も人工的な装置もなしに動き呼吸できる居住地を人間に与えてくれる点で、宇宙における唯一の場所であろう」、「このところ、偉大な科学的努力の多くは、生命さえも『人工的な』ものとすることへと、また人間をも自然の子に所属させている最後の絆を断ち切ることへと向けられてきている」(ibid, 2)。

第三章

矢内原忠雄と平和思想

一　はじめに

　キリスト教にとって、平和思想はその核心に関わっている[1]。いかなる現実主義に基づくにせよ、平和思想あるいは隣人愛を放棄したキリスト教は、果たしてなおもキリスト教の名に値するだろうか。しかし、現実の歴史状況を視野に入れるとき、キリスト教における平和の問いが決して単純ではないことも明らかである[2]。福音書に描かれたイエスの言動から読み取れる平和主義的モチーフから[3]、十字軍以降も繰り返される聖戦論まで、キリスト教の現実は、この両端の間に分布している。こうしたキリスト教の現実は、キリスト教にとってその本質に関わる事態であり、実に、キリスト教平和思想を規定する基本的構図――絶対平和主義、正戦論、聖戦論――は、キリスト教の古典的教義とともに、古代に遡る歴史を有しているのである。つまり、ローマ帝国による公認と国教化は迫害の終結だけでなく、キリスト教の平和思想の転倒の可能性も顕在化させたのである[4]。モルトマンが指摘するように[5]、帝国の戦争政策を正当化する宗教的権威としての政治的宗教の出現にほかならない。これ以降、キリスト教は常に「帝国」とともにあったと言って過言ではない。現代のキリスト教もこの状況を完全に免れているわけではない。

　このように、キリスト教平和思想はキリスト教と国家との関わりが存在するところ、いつどこにおいても問題としうるわけであるが、本章では、近代日本のキリスト教思想において、平和の問題を提起し続けてきた無教会の伝

統、特に矢内原忠雄に注目したい。それは、無教会の平和思想が現代日本の平和思想にとって決定的な意義を有しているからであるが、しかし、それだけではない。無教会キリスト教は、近代日本に特有なキリスト教であるということにとどまらず、キリスト教自体にとっても重要な思想的可能性を提示しているからである[6]。

　以上の問題状況を念頭に、本章では次のように議論が進められる。まず、無教会キリスト教を近代キリスト教の文脈に位置づけ、無教会キリスト教、特に内村鑑三の平和思想が近代の問題状況に規定され、いかなる議論を展開しているかを確認する。次に、この内村の平和思想を受け継いだ矢内原忠雄の平和思想を、1930〜40年代を中心に分析する。これによって、矢内原の思想の独自性も一定程度明らかにできるものと思われる。そして、最後に、無教会の平和思想の影響と継承について、若干の議論を行い、本章を結びたい。

二　近代キリスト教と無教会

　近代という歴史時代は、キリスト教との関わりに限定してもきわめて広範な視点から議論することができる[7]。しかし、近代を論じる上で、国家と戦争こそが最重要問題の一つであることはおそらく否定できないであろう。科学技術も経済も倫理も、そして宗教も、国家と戦争を視野に入れることなしにその現実は理解できないからである。

　池上俊一は、ヨーロッパ中世から近代への移行期（あるいは近代初頭）に出現した絶対王政について、その特徴と言える「臣下に命令する儀礼という態になった式典」や「個人を全体へと奉仕させようとするイデオロギー的祭典」が中世ヨーロッパ的秩序を支えていた「儀礼と象徴」の衰退現象であり、それは戦争の変容からも読み取ることができる、と指摘している[8]。

　「それこそルールも慈悲もない、殺し合い、つぶし合いの戦争が出来する。騎士道の倫理とは無縁の傭兵が、金のみを追求して金払いのよい主

君を渡り歩きつつ、跋扈したし、騎兵ではなく歩兵が主役となる市民軍においては、やはり騎士道のモラルがないばかりか卑怯な飛び道具を躊躇うことなく使い、敵を捕虜にして身代金を獲得する替わりに、皆殺しにしてしまうことも稀ではなくなったのである。」（池上、2008、270）

　「儀礼と象徴のヨーロッパ」（中世）から「式典と寓意のヨーロッパ」（近代）への移行は、戦争のあり方にも反映しており、この変容の延長線上にあるのが、徴兵制を有する国民国家相互の戦争、国民総力戦としての世界大戦なのである。明治維新後に、国民国家形成という課題に取り組むことになった近代日本が直面したのは、まさにこの近代的戦争をいかに遂行するかということであった[9]。

　「日本は、明治維新、一八六八年の革命によって、国民国家たる道を歩みはじめます。この維新革命は……欧米列強が『文明の理』を説き、砲艦による開国の強要をしてきたのに対して、日本列島を一つの民族国民国家にして抵抗するための苦闘から生まれたものです。」（大濱、2002、11）、「一九世紀後半は、イギリス、フランスのように、産業革命なり市民革命によって、国民国家を実現した国にくらべると、一歩遅れて国民国家に歩みだした国々が、それぞれに新しい枠組みで民族国民国家への歩みをはじめた時にほかなりません。」（同書、12）

　こうして形成された国民国家が、基本政策としての富国強兵を基盤にしつつも、それを文化的象徴体系として制度化し定着させる上で、決定的な意義を有していたのは[10]、標準語としての国語の創設、義務教育の普及、そして徴兵制だったのである──「宗教的なもの」はこの象徴体系の土台を成している──。

　「国民は、国土・身分が天皇のもとで一元化され、国語という共通言語を身につけることで自己の場を確保していきます。徴兵制（明治六

〈一八七三〉年）による軍隊、国民軍の誕生は、兵士としての身体行動を画一化することで、国民の行動規範をつくりあげます。かつ学制頒布（明治五〈一八七二〉年）は、義務教育の普及により、国民の知的平準化をうながします。まさに日本人民は、天皇の赤子である臣民として、心身ともに平準化された国民となり、大日本帝国という物語のなかで生まれ死ぬこととなったのです。」（同書、22）

こうした歴史的過程が、近代日本においてキリスト教が形成された際の状況だったのであり、その大きな転換点になったのが、日清戦争と日露戦争の勝利だったのである。内村鑑三の非戦論はまさに歴史的文脈において展開されることになる[11]。内村は、日清戦争に対して、当初義戦という立場から論陣を張ったが、それが、「日清戦争の勝利は、『文明国』日本という民族的自覚を昂揚させ、世界的国民という自負心をうながします」（同書、23）という思想状況に規定されていたことは明らかであり、日本のキリスト教界は全体として、義戦としての日清戦争肯定の立場を共有していたと言えよう。

しかし、近代の東アジアの状況を見るとき、キリスト教と戦争との関わりは複雑な状況であったことがわかる。西欧近代をモデルとして新たな国民国家形成を進めつつあった日本によって対外的に行われた戦争が、キリスト教的にも肯定されるかに見えた構図は、その反対側から、たとえば中国の立場から見るときには、帝国主義とそれに加担するキリスト教という仕方で否定的に捉えられることになる。この構図の反転は、1920年代の中国において、反キリスト教運動として顕在化した。山本澄子は、この時期の中国キリスト教史の先駆的研究と言える著書の中で、次のように指摘している[12]。

「一九二〇年代の学生を主体とする反キリスト教運動は、それ以前の反キリスト教運動、すなわち清朝末期の教案や義和団の乱とは、全く性格の異なったものである」（山本、2006、89）、「一九二四年八月、上海に於て新しく『非基督教同盟』がつくられた。……このときの反対理由は、キリスト教は帝国主義者の中国侵略の先鋒隊である、という意味を強調

し、また宗教と教育の分離、ミッション・スクールの制度改革を政府に要求した」（同書、90）、「五・三〇事件を契機としてナショナリズムが高潮し、反帝国主義の思想が強くなってくると、反キリスト教運動のスローガンもキリスト教を『帝国主義侵略小民族的先鋒隊』の如く、反帝国主義の線で攻撃するものとなった。」（同書、95）

　明治時代の近代日本の観点から義戦と理解された戦争が、視点を変えれば侵略戦争と捉えられ、そこでキリスト教が果たした役割が侵略の先兵として批判されるという事態は、後の時代から見れば容易に理解できるものであるが、しかし、その時代状況の内部でこの視点の相違を見通すには、大きな意識の転換が必要である。内村における義戦論から非戦論への転換はまさにこうしたものとして理解されねばならない。しかも興味深いのは、内村鑑三の非戦論はキリスト教思想の核心から表明されており、20世紀のキリスト教平和思想の中で重要な位置を占めていることである[13]。以下においては、こうした非戦論と内村のキリスト教思想との関連を確認した上で、再臨運動との関わりへと考察を進めたい。

　非戦論が内村のキリスト教思想の核心に属することに関しては、次の二点が指摘できる。まず、非戦論は内村のライフワークである「聖書研究」を土台として形成展開されている点である。たとえば、「無抵抗主義の根拠」（1907年）では、マタイ福音書10章16―23節から、「戦争などは基督者の主張し得べきものではない」、「キリストに連なる基督者も無抵抗が本来の性質でなくてはならない」（同書、218）という仕方で非戦論が根拠づけられており、この態度は、非戦論の展開過程の全体において一貫している。そしてこの聖書的根拠を補足するものとして、天然と歴史が参照されることも変わりない[14]。「キリストの御言葉は実に天と地に溢るる大真理」（同書、221）であって、「無抵抗なものが勝つ、愚かなるものよ、天然はこの真理を示して居るではないか」（同書、220）、それゆえ、「私はより大なる真理として非戦論を採るのであります」（「非戦論の原理」1908、223）。つまり、聖書研究と自然・歴史についての知見とが、非戦論を支えているのである。

また、非戦論はキリスト教全体の中でも、特に無教会キリスト教と密接に関連づけられており、その際には、教派的な教会との対比が行われる。たとえば、「教会と戦争」（1915 年）では、次のように述べられている。

> 「基督教は基督教会と化成せる時必ず戦争を賛成する、教会と可戦論とは附随物である、而して基督教が元の無教会主義に還る時に必ず戦争に反対する、無教会主義と非戦論とは同じく又附随物である」、「非戦主義を確守する者にして安閑として教会に止まる者あるを知らないのである。」（同書、273）

　こうした「組織せる基督教」としての「教会」（「教会と戦争」1917 年）への批判もまた、聖書から読み取られた「無政党無宗派」の「孤独の人」というイエス理解に結びつけられることによって、「宗派は基督者の大禁物である」（同書、246）と結論されることになるのである。

　内村の非戦論は日露戦争以降も以上の特徴を保持しつつ展開されて行くが、第一次世界大戦（1914-1918 年）へと向かう過程で取り上げられるのが「世界の平和は如何にして来る乎」との問いであり、この問いに答える中で、内村はキリスト再臨に言及するようになる。黒川知文は、内村鑑三と再臨運動の関わりを論じる中で、大正時代の宣教運動として展開された再臨運動を、準備期（1917 年 5 月〜 12 月。中田重治の東洋宣教会による再臨の唱道と信者の積極的参加）、開始・高揚期（1918 年 1 月〜 5 月。中田重治、木村清松、内村鑑三を発起人とした演説会の開始・全国への展開・運動の組織化）、対抗・充実期（1918 年 6 月〜 11 月。再臨運動批判との緊張関係における運動の進展）、対抗・沈静期（1918 年 11 月〜 1919 年 5 月。青年会館事件と講演題の変化）、衰退・転換期（1919 年 6 月〜 9 月）という区分によって分析している[15]。再臨運動に内村が関与するのは、1918 年〜 19 年にかけてであり、確かに、これは内村が第一次世界大戦とその終結、そして国際連盟をめぐる動向という状況下で非戦論を展開した時期に一部重なっている。

　この点で注目すべきは、先に挙げた「世界の平和は如何にして来る乎」と

の問いである。非戦論における内村の基本的な主張は、1911年の「世界の平和は如何にして来る乎」と題された論考にもあるように、「余は世界の平和は必ず来ると信ずる」、「其れは人に由ては来たらないと信ずるのである」（同書、234）というものであり、これは、人間による平和実現の試みに対する悲観的な評価として繰り返されたものにほかならない。

> 「彼等は誠に偽はりの預言者であつて、浅く民の傷を癒し、真個の平和なき時に、平和平和と叫ぶ者である」（「世界の平和は如何にして来る乎」1911、235）、「政治家の企画せる平和計画は今日まで悉く失敗に終つた」（同書、237）、「戦争の廃止は民主政治の普及に由て来らない」（「戦争の止む時」1915、267）「之（国際聯盟。引用者補足）に由て世界の平和は来らない。」（「聯盟と暗黒」1919、322）

以上のように、内村の悲観的な認識は再臨運動の前後において変わることがない。しかし、それにも関わらず、「世界の平和は必ず来る」との信念はまったく揺らぐことがない。ここで内村が参照するのは再び聖書である――「戦争の止む時」（1915）におけるイザヤ書2章1-15節の解釈など――。「聖書は其問に答へて曰ふ、人に由て来らず、神に由て来ると」（「世界の平和は如何にして来る乎」1911、238）。平和をもたらす神の歴史的終末的行為に対する信頼は内村において一貫したものであるが、第一次世界大戦期前後においてしだいに明確になるのは、キリストの再臨による平和の実現という議論である。

> 「世界の平和は畢竟するにキリストの再臨を待て始めて世に行はるるものである」（同書、239）、「世界の平和は如何にして来る乎、人類の努力に由り来らず、キリストの再来に由り来る。」（「世界の平和は如何にして来る乎」1918、313）

ここに第一次世界大戦に際した内村の終末意識が反映していることは、次

の引用からも、明らかであろう。「この宇宙的破滅の時期に」(「誰が生き残るか」1914、249)、「世の終末は来りつつある」(「戦乱と希望」1914、250)、「戦争はキリスト再顕の確かなる徴候であります」(「戦争と伝道」1914、253)。しかし、非戦論におけるキリストの再臨というモチーフの登場については、第一次世界大戦や再臨運動に回収されない要因に留意しなければならない。たとえば、再臨への言及は、日露戦争期の非戦論における次の引用にすでに見ることができる。

> 「ベツレヘムの槽に始まりし神の偉業はキリストの再来、聖徒の復活、万物の復興を以て終るべき者であります」、「彼は既に昇天し給ひました、故に必ず再び来り給ひます。」(「今年のクリスマス」1905、216)

　非戦論におけるキリスト再臨への言及は、再臨運動期に対して明らかに先行しており、再臨運動への参加を含めた再臨への言及自体が、むしろ、時代状況にも呼応した内村自身の内的な思想展開において理解すべきことを示している。「キリストの再臨」モチーフの非戦論への登場は、日露戦争期から徐々に顕わになり、再臨運動期に頂点に達すると解釈するのが適当であり、この展開には、内村における信仰の危機が関連していたと解すべきであろう。この点については、再臨運動演説会での内村による講演「世界の平和は如何にして来る乎」(藤井武の筆記)の中で、内村自身が次のように語っている。

> (再臨運動に先だって、)「余は糊口に窮せざるも聖書の解釈に窮したのである、余の従来の信仰のみを以てしては最早や聖書に就て語るべき事が尽きた」(「世界の平和は如何にして来る乎」1918、308)、「宇宙人生に関する大問題の余に迫り来るや余は遂に行き詰つたのである」。(しかし、)「余の心中にsubconsciousness(自覚以下の感覚)として潜在せしものが突如躍動し来りし為め茲に忽ち活路は開かれたのである」、「再臨の信仰は実に余の為めに活路を開いたのである。」(同書、309)

すでに引用したように、この講演の結論が、「世界の平和は如何にして来るか、人類の努力に由り来らず、キリストの再来に由り来る」(同書、313)なのである。
　では、この宇宙人生の大問題とは何だったのであろうか。少なくともこの大問題の解決と関わっているのが、1912年1月12日の愛する娘、ルツ子(19歳)の永眠であったことは、疑いないであろう。

> 「当時の内村は思想も枯れて誕生満五〇年(一九一一年三月)を期して雑誌『聖書之研究』を廃刊にすることさえ考えていたほどで、友人たちの反対によって廃刊を思い直したのである。ルツ子の病気とその死はそのような内村の信仰と思想の停滞時期に起こった。愛する娘の死は内村に耐え難い悲しみを与えた。しかしその悲境のうちに内村に一大希望が与えられた。『復活と来世』の信仰が湧き出てきたのである。……内村はルツ子とともにこの世に死んで、復活と来世の希望に活きるものとなった。信仰の生命は復活の光に光被せられ、やがて……再臨信仰へと継続、発展して行くのである。」(関根正雄『内村鑑三』清水書院、1967、120-121)

　1905年の「今年のクリスマス」において見られる、「キリストの再来、聖徒の復活、万物の復興」は、ルツ子の死と復活信仰を介して、再臨信仰として展開されることになるのである。内村の信仰を貫く、「キリストの十字架、復活、再臨」というこの連関を明確に論じたのが、次に見る内村の弟子、矢内原忠雄にほかならない。

三　矢内原の平和思想

　内村鑑三(1861-1930)と藤井武(1888-1930)の二人が永眠した1930年(昭和5年)以降、日本の大陸侵出・侵略は本格化し、無教会キリスト教の提唱する非戦論を取り巻く状況は厳しさを増してゆく。矢内原忠雄(1893-

1961）は、こうした中で無教会第二世代の一人として、内村鑑三の非戦論を継承し困難な時局に立ち向かった。近代日本の平和思想が試練に遭遇した際に、その中心に立っていたのが矢内原であり、1930年代から40年代にかけての矢内原の論考から、非戦論の歴史的意義を確認することができるであろう。ここでは、『国家の理想――政治評論集』（岩波書店、1982年）に収録されたこの時期の諸論考によって、矢内原の平和思想を確認してみたい[16]。

まず、矢内原が内村の思想を自覚的に継承していると言われる場合のポイントを確かめておきたい。矢内原は、「基督教的日本」（1935年）において内村鑑三を「私の基督教の唯一の先生であつた」（同書、116）と述べているが、まさに矢内原はキリスト教に関わる多くのものを内村から学び継承している。この「基督教的日本」というエッセイで展開される「日本的基督教」の議論――「日本人の思想感情を以て解したる基督教をば普通の日本語を以て宣ぶる」「日本人の金を以て自由独立に基督教研究及び伝道を為すこと」「日本人の心情を以て基督教に回心したもの」「日本精神の美を発揮し……他の如何なる民族も為し能はざる処の新しき貢献」――や基督教的な愛国心[17]、そして本章のテーマである非戦論・無抵抗主義的な平和思想を核心とした無教会主義など、内村と矢内原を繋ぐ線は多岐にわたっている。

さらに、キリスト教思想を聖書研究に基づいて構築するという方法論においても、矢内原は内村の弟子である。矢内原の非戦論、無抵抗主義は、聖書解釈を中心に据えて展開された、いわば「イザヤの平和思想」であり「イエスの無抵抗主義」なのである[18]。これはまさに内村から始まる無教会的スタイルと言ってよいだろう。

　　「『悪しき者に抵抗ふな。人若し汝の右の頬を打たば左をも向けよ、云々』との無抵抗主義は、かくの如き（「官憲にもパリサイ人にも民衆にも憎まれ、遂には弟子にまで裏切られて十字架の死を遂げ給うた」。引用者補足）イエスの教へ給ひし実際生活上の戦闘方針である。それが意気地なしの態度である筈がない。……悪しき者が他人に加へる悪に抵抗せよ、併し自分に加へる害悪には抵抗するなといふのである。」（「イエスの無抵

抗主義」1936、133)

　ここには、困難な時代においてイエスの言葉と真摯に向き合うことによる思想形成の営みが確認できる。これこそが矢内原が内村から学んだことなのである。もちろん、内村の思想を反復するだけでは、非戦論を保持することはできない。なぜなら、両者の間には「時代の相違」(「其後の無教会主義」1935、126)が存在し、矢内原の生きた時代は内村の場合よりもさらに厳しさを増してきていたからであって、1937年に矢内原は東京帝国大学の教授職を辞する事態となる（矢内原忠雄事件）。したがって、矢内原のキリスト教平和思想は、内村の非戦論とは異なる展開を有することになり、ここに矢内原の独立した思想家としての思索を見ることができる[19]。

　まず、内村と比較した矢内原の特徴として、神学的体系的な思想形成を指摘することができる。もちろん、矢内原は社会科学者であって、哲学や神学の専門家ではない。したがって、矢内原に体系的な哲学思想や神学思想が端的な仕方で提出されていることを期待することはできない。しかし、矢内原の著作から体系的志向性をもった思想展開を読み取ることは必ずしも不可能ではない。本章で先に内村において確認した、「キリストの十字架、復活、再臨」を、矢内原は一つの論理的連関において、いわば体系的に論じているのである。

　「復活の教義について」(1937年)で、矢内原は、第一コリント15章の3節以下についてパウロの復活論を論じる中で、キリストの十字架と復活の関係に関して、次のように説明している。

> 「若しキリストが復活せられなかったならば十字架の功が中途半端にならざるを得ない。……我々の罪が赦されたのであるといふ証拠がない。……キリストが十字架にかかり給うたのは我々に罪がある証拠。キリストが復活せられたのは我々の罪を赦された証拠である。それのみでない、キリストの復活は又キリストを信ずる我等自身の復活のさきがけといふ意味を有つ」(同書、137)、「身体の復活によりて現実生活上の矛盾（身

体の不完全性。引用者補足)は完全に解消する。……進んで完く義しき者として生活し度い、自分の正しさを全うしたいという希求は、復活の信仰に迄行かなければ満たされない。・・・十字架の信仰は我々の不義に対する非難から我々を自由にし、復活の信仰は現実生活の不完全さに対する不満から我々を自由にする。」(同書、139)

このような十字架(贖罪)と復活との関連性は、「再臨の教義について」(1937年)において、さらに再臨へと展開される。矢内原は、キリスト再臨が信仰の事柄、つまり一つのドグマ(独断)であることを認めた上で、「ただ信仰のみでなく、多少理性的に考究し得られぬ事はない。蓋し贖罪、復活、再臨の三教義の間には論理的連関があって、十字架による贖罪は身体の復活に至つて始めて完成し、復活は再臨によつて始めて現実化する」(同書、142)と論じる。こうした論理的連関の理論的追求は、内村に対する矢内原の特質、つまり矢内原が専門的科学者あるいは大学的教養人であることを明確に示している。再臨の論理的な必要性については、まず人間の側から(人間の救いの完成の要求として)、次に神の立場から考察が進められる。まず人間の側からは次のような議論になる[20]。

「再臨は右の如く個人の救の完成として必要なのみでなく、それは更に神の国の実現の為め、即ち信者の社会の完成の為めに必要である。……神の国が見ゆる状態に於て実現される迄は、社会の救は完成されないのである。而してそれはキリストの再臨によつて終局的審判が行はれ、神の国の敵が滅ぼされる時に至つて始めて実現するのである。」(同書、142)

再臨は個人だけでなく社会にとっての救いのためにも必要であるとした上で、矢内原は、この必要性を終末における自然万物の復興と死の克服が個人と社会の救いの完成のために不可欠であると論じることによって、人間の救いにとってなぜキリストの再臨が必要であるかを明らかにする。つまり、個人も社会も身体性また自然を存立基盤としている以上、キリスト再臨時にお

ける自然の完成なくしては、人間の救いは完成することができず、罪へ再度陥る危険性を払拭できないのである。ここに、人間の救いとは人間存在の全体性の事柄であるとの理解を読み取ることができるであろう。

　これを再臨が神の立場からも必要であるとして論じる場合、議論は次のような展開になる。まず、キリストの十字架の贖罪によって、人間の救いは原理的に成就されたのであったが（「救の第一段階」）、贖罪の効果が明瞭になるには復活が必要である（「救の第二段階」）。ここまでは、先に見た「復活の教義について」の議論と同様である。しかし、復活によってはなお救いの効果の普遍性（いわば、「救の第三段階」）は顕わになっていない。

> 「然るに彼の救の効果は未だ一般的に実現されて居ない。個人も社会も自然も、未だ旧勢力の影響、旧支配の環境を脱し得て居ないのである。故にキリストは彼の救の効果を完全に収穫する為めには、どうしても彼御自身今一度地上に来られなければならない。今度はかれは王として来り給う。」（同書、143）

　神の救済計画にとって、つまり神の立場から見ても、キリストの再臨は、救いの効果を普遍的に実現するために必要不可欠なのである。十字架において一度死に負けたキリストが、今度は「死を滅ぼす為めに」「支配者」「王」として再臨することによって、十字架から始まり復活を経た救いのプロセスは最終的完成に至るのである。

　こうして、矢内原が示す三教義の論理的連関の全体が明らかになった。「人類社会の救は人間の努力によつては到底成就し得ない」ということを再臨教義の論理的基礎とする点で[21]、矢内原は内村を継承すると同時に、議論の内的連関を明瞭にする意図において、内村にはない体系的思索に踏み込んでいるように思われる。

　以上はいわば内村と異なる矢内原の一人の思想家としての質に関わる論点であるが、時代状況の相違については、矢内原が、内村以上に、国策の動向を意識し、一見それを受け入れるような問題設定を選択しつつ、実はそれを

批判するという仕方で平和思想を展開している点に確認することができる。それは、1930年代半ば以降の状況の深刻化、つまり、1935年の岡田内閣における国体明徴声明（第1次と第2次）から1938年の国家総動員法発布に至る超ナショナリズムの進展において、いかに現実を批判し、平和思想の言論を展開するのかについての戦略にほかならない(22)。ここでは、民族論とナチズム論の二つを取り上げてみよう。

　まず、民族論であるが、矢内原は「民族精神と日支交渉―其の意義と内容の歴史的様相―」（1936年）において、2・26事件から日独防共協定に至る過程が、議会政治否認と増税という内側からの危機を伴って生じたものであり、この時代状況の中で国体明徴運動が日本民族の精神をめぐり展開していることを指摘した上で、この日本民族の精神を明らかにするのに適切な科学的方法は何であるかを問う。矢内原によれば、民族精神とは「民族の現実の生活を支配して居る精神」（同書、333）であり、神話的方法によって認識され得るものではない。天孫降臨の神勅といった神話や古典の中に民族精神を再発見しようとする態度は、「歴史の所産」である民族を「民族以前に依て解釈」しようとする点で「非科学的な」（同書、333）ものと言わねばならない。矢内原は、国体明徴自体については、「大いに可なり」（同書、336）とした上で、日本民族の歴史的発展段階（「民族国家の建設を完了した国家」）を無視して神話的伝説的権威を強調することは「独断的政治のイデオロギー」（同書、334）であると断じるのである。

　こうした民族論は、翌年の「民族と伝統」（1937年）でさらに学的な展開がなされる。ここで矢内原は、文化人類学的知見を導入することによって(23)、民族を「人種、郷土等の自然的要素と言語、宗教、慣習等の文化的要素とを包括する生活共同体」「歴史的なる社会群」（同書、349）と規定し、氏族から種族を経た「数個の種族を合し一層地縁的意味を拡大したる社会群」（同書、352）である歴史的民族という一般的理論を日本民族に適用しようとする。こうして展開される日本民族論はさまざまな興味深い論点を含んでいるが(24)、国体明徴との関連では、日本民族の国体の精華とは「天皇の主権者たる地位を確定する」と共に「「臣民翼賛」の道を広める」（同書、359）という

二つの要素において考えられねばならないとの議論が提出される。この「臣民翼賛」ということで矢内原の念頭にあるのは、「憲法発布の告文及勅語」から読み取られた帝国議会の権限の拡大と機能の強化なのである。つまり矢内原は、大日本国憲法において、天皇主権と臣民翼賛機能を担う帝国議会とがいわば相互補完的なものとして成立していると解することによって、天皇と憲法の権威によって「五・一五事件、二・二六事件等を以て表面化した一の反対潮流」（同書、336）への抵抗を試みているのである。

　自由な言論や健全な議会主義の擁護は、ナチズム論という形においても試みられる。ここで矢内原が注目するのは、日独防共協定が含意する「現実の政治的軍事的意図」（「ナチス協定と自由」1937、338）であるが、議論の中心は、この協定が共産主義を防禦するという消極的意味にとどまらず、「ナチス的思想への積極的なる同感共鳴の表現」（同書、339）であるという論点に置かれている。この点を明らかにするために、矢内原はまず、自由主義を排斥するファシズムとしてのドイツのナチスを「社会民主主義及共産主義に対する反対運動」、「ユダヤ人排斥」、「ベルサイユ条約破棄」の三点から分析し、それが「前資本主義的なるユンカー主義と産業資本主義との聯合の上に立つところの運動」——「プロレタリアート階級若しくは資本家階級」に属せず、両解級からの圧迫を感じている「官僚的軍人層」と「小企業下層」からなる——と解釈する（同書、341）。この上で、矢内原は、「今日の日本はナチスの思想に共鳴すべき如何なる社会的根拠があるであらうか」（同書、344）という問いを立てる。この問いに対する矢内原の答えは、先の三点にわたるナチスの特性から判断して、「日本はナチスと思想的提携をなすべき国民的基礎が存在するものとは考えられない」（同書、346）ということである。

　では、どうして日独防共協定なのか。表面に掲げられた共産主義排撃が真の目的ではないとすれば、それは、「現代日本の政治に於ける指導的勢力の思想がナチス的であることを表白する」（同書、346）と解さざるを得ない。ナチズム論という迂回的な分析を介することによって、矢内原が目指すのは、「日本現在の指導勢力のナチス的性質」を顕わにし、それが日本に何をもた

らすかを明らかにすることだったのである。それは、日本国民が「自由を喪失」し、「理由なき戦争」に巻き込まれるという暗い未来である。国体明徴運動や日独防共協定を推進する政治勢力を前に「自由」「平和」を守ろうとする者は、「真に激流に抗する思い」(同書、338) にならざるを得ない。しかし、この現実の中で、矢内原は自由の擁護を叫ばざるを得なかったのである。

「今日の日本に必要なものは、自由主義の涵養であつてその否定ではない。議会政治の批判について然り、思想言論の自由について然り、国際協調の精神について然りである。『自由』を救ふ者が真に日本を救ふ者である。」(同書、348)

1930年代から40年代にかけて、矢内原忠雄はまさに預言者精神と呼ぶに相応しい思想家であった[25]。太平洋戦争敗戦後、矢内原は大学に復職し、東京大学総長を経て定年を迎える。こうした時代の変化の中で、矢内原は、大きな社会的影響力を有する思想家として、平和と民主主義のために発言を続けた。その平和思想は、相対的平和論から区別された「絶対的平和論」として結実する。矢内原は戦後、「相対的平和論と絶対的平和論」という題の二つの論文を書いているが (『現代社会とキリスト教』(1982年、岩波書店) 所収)、1947年のものが短いエッセイであるのに対して、1951年の論文は、矢内原の平和論でも最も長文のものであり、これら二つの論考において、矢内原の平和論の到達点が確認できるであろう。

ここでは矢内原の主張を簡単にまとめておきたい。相対的平和論が、「或る場合には戦争を是認する平和論」「平和時の平和論」であり、正義と自衛のための戦争を認めることによって、「現実にはすべての戦争を是認」し、容易に「戦争弁護者、戦争協力者、戦争謳歌者」に転換できるものであるのに対して (「相対的平和論と絶対的平和論」1947、332-333)、絶対的平和論とは、「戦争は害悪である。それは世界を益せず、戦敗国を益せず、戦勝国をも益しない」、「キリストを信じて立つ国は、たとひ武備をもたなくても安泰である」

という信仰に基づく平和論である。後者こそが、内村鑑三から継承し、1930年代から40年代の戦時に堅持された平和思想との関連で論じられるべき平和思想なのである[26]。矢内原忠雄の平和思想は戦前から戦後の激動の時代を超えて展開され、「絶対的」平和論へと至ったのである。

四　むすび

　本章では、近代日本の歴史的文脈においてキリスト教平和思想を展開した代表的な思想的営みとして、内村から矢内原に至る無教会キリスト教の動向を辿ってきた。そこには時代状況において制約され、すでに乗り越えられた議論や認識も含まれている[27]。しかし、矢内原以降の時代の変遷を前提としても、その平和思想はなおも高く評価すべき内実を有しており、実際、その積極的な継承の努力がなされてきたのである[28]。特に、現在の日本の政治状況を考えるとき、矢内原忠雄の平和思想の再評価は重要な思想的課題であると思われる。

　矢内原忠雄の平和思想の継承という観点から、最後に、矢内原忠雄の「大学と軍事科学」（1960年。『民族と平和』（1982年、岩波書店）所収）と題されたエッセイを取り上げてみたい。この文章は、伊能防衛庁長官が「軍事科学の発展を期するため、学界と防衛庁との協力、ならびに東大その他の大学に戦前のような造兵学科、航空工学科の復活を希望し、近くそのことについて文部省と話しあいたいむね」の報道がなされたことに対して、書かれたものである。矢内原は、1930年代より時々の政策に対して学問の自由の重要性を繰り返し強調してきたが[29]、ここでも、その議論は一貫している。

　　「大学は真理に忠実であるということにおいて国民と人類に奉仕するのであって、国家的要請と呼ばれる政治的要求に従って真理探究の府である立場をすてるならば、それは大学が現業機関化するのであって、大学本来の存在理由を失うことになるであろう」（同書、611）。「軍を通さなければ大学の研究が十分にできないというのは、軍事国家である。そう

いう予算の組み方自体が感心できない」(同書、613)。

　大学の軍事科学・軍事産業との関係は、過去の問題ではなく、現在の問題である[30]。キリスト教平和思想の役割は現代日本においても決して小さくないように思われる。

注

(1) 平和問題がキリスト教とその思想にとってどれほどまで多面的かつ根本的な意義を有するかについては、次の文献が示す通りである。関西学院大学、キリスト教と文化研究センター編『キリスト教平和学事典』教文館、2009年。
(2) 平和思想が重要であることは言うまでもないとしても、しかし絶対平和主義は決して自明の前提とされうる議論ではない。「平和＝善」が単純に成り立たない状況に現代の我々は生きている。こうした認識の中で、平和思想を鍛えるために、たとえば次の文献を参照。
　　Nigel Biggar, *In Defence of War*, Oxford University Press, 2013.
(3) キリスト教平和思想を展開する上で、聖書の思想内容が重要な位置を占めることは、本章で取り上げる無教会キリスト教だけの認識ではない。それゆえに、平和思想を論じる場合に、まず聖書学が参照されねばならない。たとえば、次の文献などを参照。
　　John Dominic Crossan, *The Historical Jesus. The Life of a Mediterranean Jewish Peasant*, Harper San Francisco, 1992.
　　Richard A. Horsley, *Jesus and Empire. The Kingdom of God and the New World Disorder*, Fortress, 2003.
　　Walter Wink, *Jesus and Nonviolence. A Third Way*, Fortress, 2003.（ウォルター・ウインク『イエスと非暴力——第三の道』新教出版社、2006年。）
　　辻学『隣人愛のはじまり——聖書学的考察』新教出版社、2010年。
(4) キリスト教古代における戦争をめぐる議論については、J．ヘルジランド、R．J．デイリー、J．P．バーンズ『古代のキリスト教徒と軍隊』（教文館、1988年。原著1985年）が参照できるが、古代のキリスト教平和思想／戦争論については、今後さらなる検討が必要である。たとえば、教科書的には、キリスト教の正戦論はアウグスティヌスに結びつけられることが多いと思われるが、この点についても再考が必要なことは、次の文献が示す通りである。

Phillip Wynn, *Augustine on War & Military Service*, Fortress Press, 2013.
(5) Jürgen Moltmann, *Trinität und Reich Gottes. Zur Gotteslehre*, Chr.Kaiser, 1980, S.144-147.（Ｊ．モルトマン『三位一体と神の国　神論』新教出版社、1990年、216-220頁。）
(6) この点については、次の拙論を参照。芦名定道『東アジア・キリスト教の現在』（三恵社、2018年）の第四章「東アジアのキリスト教とナショナリズム──内村鑑三の非戦論との関連で」。
　　　なお、日本における「宗教」概念の構築の意義という観点から、内村の影響を論じたものとして、島薗進「「宗教」の成立──内村鑑三と清沢満之の系譜から」（佐藤弘夫他編集『聖なるものへ──躍動するカミとホトケ』（岩波講座「日本の思想」第八巻）岩波書店、2014年、215-241頁）が存在する。
(7) 近代という時代をめぐるキリスト教思想の諸問題については、次の拙論を参照。
　　　芦名定道「近代／ポスト近代とキリスト教──グローバル化と多元化」（現代キリスト教思想研究会『キリスト教と近代化の諸相』2008年、3-18頁)、「キリスト教政治思想の可能性」（現代キリスト教思想研究会『キリスト教的政治思想の可能性』2009年、3-26頁）、「キリスト教と近代的知」（現代キリスト教思想研究会『キリスト教と近代的知』2010年、1-11頁）、「キリスト教と近代社会の諸問題──経済・公共性・環境」（現代キリスト教思想研究会『キリスト教と近代社会』2011年、3-25頁）。
(8) ここで引用するのは、池上俊一『儀礼と象徴の中世』（岩波書店、2008年）である。
(9) キリスト教（特に近代日本の）と戦争というテーマについては、次の文献を参照。
　　　大濱徹也『日本人と戦争──歴史としての戦争体験』（刀水書房、2002年）、『庶民からみた日清・日露戦争──帝国への歩み』（刀水書房、2003年）。
　　　石川明人『戦争は人間的な営みである──戦争文化試論』（並木書房、2012年）、『戦場の宗教、軍人の信仰』（八千代出版、2013年）。
　　　星川啓慈、石川明人『人はなぜ平和を祈りながら戦うのか？　私たちの戦争と宗教』並木書房、2014年）。
(10) 大濱は、「その枠組みは、日本が神武天皇の建国神話にもとづく復古‐革命の構図をとりましたように、各民族が身体に刻まれた固有の記憶を蘇生した神話にうながされた世界に規定されておりました」（大濱、2002、12-13）と指摘しているが、宗教的なものは近代的な国民国家にとって重要な機能を果たしてきたのである。
(11) 本章における内村鑑三からの引用は、『非戦論』（内村鑑三選集２、岩波書店、1990年）から行われる。内村鑑三の非戦論については、多くの先行研究が存在す

るが、本稿ではそれらについて十分に留意することができなかった。ただし、内村の非戦論をキリスト教平和思想史において論じている研究として、次のものを挙げておきたい。宮田光雄「近代日本のキリスト教平和思想——内村鑑三の非戦論」（宮田光雄『平和の思想史的研究』創文社、1978 年、75-102 頁）。また注 9 で挙げた石川（2013、93-126）でも、内村の軍人観が論じられている。

(12) 山本澄子『中国キリスト教史研究』山川出版社、2006 年（東京大学出版会、1972 年）。

　なお、1920 年代の中国における反キリスト教運動とそれに対抗したキリスト教本色化をめぐる諸問題については、次の徐亦猛の一連の論文を参照。

　　徐亦猛「中国における本色化（土着化）運動の先駆者呉雷川」（現代キリスト教思想研究会『アジア・キリスト教・多元性』第 4 号、2006 年、31-42 頁）、「中国におけるキリスト教本色化運動——呉耀宗の思想の考察」（現代キリスト教思想研究会『アジア・キリスト教・多元性』第 5 号、2007 年、71-80 頁）、「中国におけるキリスト教本色化運動——誠静怡についての考察」（現代キリスト教思想研究会『アジア・キリスト教・多元性』第 6 号、2008 年、87-96 頁）、「中国におけるキリスト教本色化運動——西洋宣教師の動向についての考察」（現代キリスト教思想研究会『アジア・キリスト教・多元性』第 7 号、2009 年、89-100 頁）、「中国の教会の宗教的儀礼と教会の建築についての本色化の動き——1920 年代を中心に」（現代キリスト教思想研究会『アジア・キリスト教・多元性』第 11 号、2013 年、17-32 頁）。

(13) 内村は、自らに先行するあるいは同時代の平和思想について、しばしば言及している。

　たとえば、「偉人の戦争観」（1914 年）では、ベンジャミン・フランクリン、ウィリアム・ロイド・ガリソン、ナポレオン、そしてカントが短く取り上げられ、またトルストイ（「トルストイ翁を弔ふ」1910 年）についても言及が見られる。特に、トルストイとカントについては、無教会キリスト教の非戦論の思想的展開を試みる上で、立ち入った研究が必要であろう。実際、無教会キリスト教の立場の研究者によるカント研究には特徴的なものが見られる（量義治『宗教哲学としてのカント哲学』勁草書房、1990 年、『緊張——哲学と神学』理想社、1994 年。佐藤全弘『カント歴史哲学の研究』晃洋書房、1990 年）。また、ガンディー、キング牧師と内村との比較を含む研究として、次のものが挙げられる。

　　Takahashi Yasuhiro, "Ucimura Kanzo and His Pacifism," in: Shibuya Hiroshi and Chiba Shin (eds.), *Living for Jesus and Japan. The Social and Theological Thought of Uchimura Kanzo*, Eerdmans, 2013, pp.55-68.

(14) この点については、注6の拙論を参照。
(15) 黒川知文『内村鑑三と再臨運動——救い・終末論・ユダヤ人観』新教出版社、2012年、100-139、284-290頁。
(16) 本章では、『国家の理想——政治評論集』（岩波書店、1982年）に所収の論文が主に参照されるが、その他に、『民族と平和』（岩波書店、1982年）から「基督教に於ける平和の理想」（1935年）、「大学と軍事科学」（1960年）が、『現代社会とキリスト教』（岩波書店、1982年）から「相対的平和論と絶対的平和論」（1947年)と「相対的平和論と絶対的平和論」（1951年）が、引用される。

　　また、矢内原忠雄研究についての研究サーベイ論文として、岡﨑滋樹「矢内原忠雄研究の系譜——戦後日本における言説」（『社会システム研究』第24号、2012年、223-262頁、が有益である。

http://www.ritsumei.ac.jp/acd/re/ssrc/result/memoirs/kiyou24/24-11.pdf)
(17) 内村と矢内原における日本的キリスト教の議論については、本書第一章と、芦名定道「日本的霊性とキリスト教」（明治聖徳記念学会『明治聖徳記念学会紀要』復刊第44号、2007年、228-239頁）を参照。なお、近代日本のキリスト教思想における「日本的キリスト教」論については、宮田光雄『国家と宗教——ローマ書十三章解釈史＝影響史の研究』（岩波書店、2010年）をご覧いただきたい。宮田は、無教会キリスト教における「日本的キリスト教」について次のように述べている。無教会における「日本的キリスト教」論は、日本の伝統的な精神や宗教と結びつけることによって国策協力、国体思想への間接的・直接的な屈服となるような議論とは一線を画していたものの、「無教会陣営においても、『舶来基督教』の排撃という点では共通していても、その後者の問題点にたいする対応については、第二世代のリーダーのあいだで、各自の主張には、かなりのへだたりがあったことは見逃してはならない」（宮田、2010、377)。
(18) 矢内原におけるイザヤやエレミヤの意義については、今滝憲雄「矢内原忠雄の預言者的精神と平和思想——絶対矛盾的自己同一をモチーフとして」（現代キリスト教思想研究会『アジア・キリスト教・多元性』第2号、2004年、67-96頁）において詳細に論じられている。
(19) 矢内原と内村との思想的な相違について、万人救済論を取り上げることができるであろう。内村が万人救済論を認める方向で思想展開を行っているのに対して、矢内原は、万人救済論には批判的であるように思われる。たとえば、「而してそれはキリストの再臨によって終局の審判が行はれ……」（「再臨の教義について」1937、142）とあるように、矢内原では最後の審判が神の国の実現・完成と関連づけられている。これについては、矢内原の摂理・選び理解（特にローマ書解釈において）

との関わりにおいて、今後詳細な研究が必要と思われる、なお、内村の万人救済説（予定説から）の展開については、岩野祐介『無教会としての教会——内村鑑三における「個人・信仰共同体・社会」』（教文館、2013年、172-184頁）を参照。また、同様のテーマを論じたものとして（岩野の著作における当該箇所のもとになった、関西学院大学神学研究会『神学研究』第56号（2009年）に所収の論文「内村鑑三における万人救済論」を踏まえている）、渡部和隆「内村鑑三における予定説理解と万人救済説について」（現代キリスト教思想研究会『アジア・キリスト教・多元性』第10号、2012年、91-110頁）も参照。

(20) 再臨思想についての矢内原による、聖書学的により詳細な議論としては、「パルーシヤ論」1944年）が存在する。矢内原は、「パルーシヤの信仰の永遠的価値は、その不撓不屈にして而も新鮮潑剌たる希望にある。パルーシアは苦難の時代の希望であり、たたかひの人の慰めである」（同書、269）と述べているが、ここに矢内原自身の心境を読み取ることができるかもしれない。

(21) 矢内原は、「世界大戦及びその結末に対する失望が、内村先生をしてキリスト再臨の信仰を明確に唱へしむるに至りし如く、我等は人間的努力によって思想的社会を築こうとする期待に失望して、始めて再臨を信ぜざるを得なくなる」（「再臨の教義について」1937、144）と述べている。

(22) このような議論の仕方はいわば苦肉の策と言うべきものであり、ここまで追い詰められては超ナショナリズムに抗することはきわめて困難といわねばならない。国体明徴運動や国家総動員体制に真に有効に立ち向かうには、この危機が顕在化するかなり以前にその備えを行っておく必要があったと言うべきであろう。本書著者は、この点について、「明治後半あるいは末期以来、日韓併合から三教会同へと歴史はその深層において確実に軍国主義へ進みつつあったあの時代。ここに大きな分かれ目があった。この大正時代にキリスト教界が昭和の軍国主義時代に対していかに自覚的に備えることができたのか、あるいはできなかったのか、これが教訓として問い直されるべきなのである」と論じたことがある（芦名定道「現代の政治状況のなかのキリスト教」、『キリスト新聞』（キリスト新聞社）、第3270号、2013.5.25、一面・論壇）。なお、1937年の東京帝国大学辞職（矢内原事件）については、次の文献も参照。将棋面貴巳『言論抑圧——矢内原事件の構図』中公新書、2014年。

(23) ここで矢内原が氏族、種族、民族という諸概念を整理していることの背景には、1920年代に一つの学問として確立し、日本にも導入されつつあった、民族学あるいは文化人類学の知見の存在が推測される（現在の日本文化人類学会が日本民族学会として設立されたのが、1934年である）。矢内原が具体的にどのような仕方

で文化人類学的知見に触れたかについては、今後の研究が必要であるが、民族、民族主義が思想的争点であった日本の思想状況において、矢内原が社会科学者としてこの問題にアプローチしたことは疑いない。そもそも矢内原が携わった「植民政策」論は、現地調査を含めた社会科学的地域研究と言えるものであり（若林正丈編『矢内原忠雄「帝国主義下の台湾」精読』（岩波現代文庫、2001年）の「解説」を参照）、その学際性において民族学や人類学と密接に関わり合っていたのである。なお、同様の民族論は、「民族主義の復興」（1933年。『民族と平和』（1988年、岩波書店）所収）などにも見られる。

(24) たとえば、「仏教は決して外来宗教ではない。それは日本民族の文化的伝統の中に織り込まれ、融化せられる一要素として存在する」（「民族と伝統」1937、351）との議論は、後の鈴木大拙の日本的霊性論との対比で興味深い論点である。また、「日本民族の同化力、受容性の強さ」（同書、355）や「内外の事変に対し比較的に受身的態度を取り、無関心と思われる程の消極性を示す」（同書、356）との議論は、現代日本人の政治行動との対比において考えさせられる指摘である。

(25) 矢内原忠雄を預言者的と評する最近の論説として、次のものが挙げられる。田中健三「矢内原忠雄に学ぶ現代の預言者像」（『福音と世界』2015.2、新教出版社、12-17頁）。

(26) 本章では矢内原の平和思想を1930年代の文献を中心に論じたが、矢内原の太平洋戦争中の平和思想（義戦論と非戦論との「重層的な平和主義」）と戦後の「絶対平和主義」との間の変化については、次の文献を参照。赤江達也『矢内原忠雄——戦争と知識人の使命』（岩波新書、2017年）。「矢内原における平和主義の変化は、絶対平和思想への一元化と捉えられる。矢内原の『絶対平和論』は、戦後日本の平和主義と共鳴していく。その一方で、戦後に『絶対平和論』へと一元化されていく過程で、戦前・戦中の矢内原の平和主義がもっていたような義戦論と非戦論、現実主義と理想主義のあいだの重層的な緊張関係が失われている。」（同書、204頁）

(27) 役重善洋『近代日本の植民地主義とジェンタイル・シオニズム——内村鑑三・矢内原忠雄・中田重治におけるナショナリズムと世界認識』（インパクト出版、2018年）においては、矢内原におけるシオニズムや植民地主義の問題が指摘され、また菊川美代子「天皇観と戦争批判の相関関係——矢内原忠雄を中心として」（現代キリスト教思想研究会『アジア・キリスト教・多元性』第7号、2009年、51-72頁）は、矢内原の天皇観を批判的に論じている。

(28) 宮田光雄『非武装国民抵抗の思想』（岩波新書、1971年）は、矢内原の「相対的平和論と絶対的平和論」の継承発展という観点から解することができるように思われる。

(29)「自由と統制」(1938年) において、矢内原は次のように述べている。「商業とか政治とかの手段であるとすれば、商売若しくは政治に都合のよい学問又は学説だけが有意義であり」、「学問の自由といふことは存在しない事になる」、「学問は利用せられる為めにあるのではなく、それ自身の権威を以て立つのである。」(同書、22)

(30) 2015年1月26日の付けの東京大学総長・濱田純一著名の「東京大学における軍事研究の禁止について」では、戦後に矢内原が総長の職 (1951年〜57年) を務めた東京大学においては、「学術における軍事研究の禁止」が第二次世界大戦の惨禍への反省に基づく知的伝統を形成しており、それは、東京大学憲章において裏打ちされていると述べられている。これは、それに先だってなされた、「東京大学が軍事研究を解禁した」との一部メディア報道に対して出された文書であり、そこにはこの基本原則が現在問題にされつつある状況が反映している。問題は、この基本原則をめぐる軍事研究と平和目的利用との間の両義性 (デュアル・ユース) についての議論であり、矢内原の批判する「相対的平和論」が、この両義性から平和目的利用という仕方での実質的な軍事研究の容認論に至ることは容易に推測できるであろう。

第四章

原子力とキリスト教思想
―矢内原とティリッヒ―

一　問題

　本章の目的は、原子力（あるいは科学技術全般）をめぐる問題をキリスト教思想の立場から論じることである。現在に至る、世界と日本の原子力政策の基本的方向が確立したのは1950年代であり、この時期にキリスト教思想を含め原子力については多くの議論がなされた[1]。もちろん、現代の原子力問題と1950年代のそれとを単純に重ねることはできない。しかし、次の矢内原忠雄からの引用文よりわかることは、矢内原の現代とわたしたちの現代との意外なほどの類似性である[2]。

> 「日本の憲法を改正する必要がある否かといふ事が、今しきりに論ぜられてゐる問題です」（矢内原、1954、131）、「日本の平和憲法の条項は占領終了後の日本の実情に適合しないとして、これを修正して再軍備をし、交戦権を取り戻す必要があるか否か」（同書、132）、「警察法の改正」（同書、134）、「教育二法案といふものが国会で審議中であります。この二法案の趣旨とするところは、従来の義務教育、ことに日本教職員組合のやり方が行き過ぎである。あれを放任して居れば、日本の義務教育は赤化教育になってしまふ。それは大変だから、今の中に教育の活動を制限するための立法措置が必要であると、いふにあります。」（同書、135）

　憲法に教育に、1950年代と現代とは同様の問題に直面していたことがわか

る。そして、この1950年代こそが、現在の原子力政策の原点と言うべき時代なのである。つまり、1954年に、日本学術会議は「民主・自主・公開」の原子力3原則を採択したが、正力松太郎を委員長とした原子力委員会——湯川秀樹も初代原子力委員として加わった（1956/1-1957/3）——は、学術会議の警鐘にもかかわらず、コールダーホール改良型炉の建設を許可した。そして64年には福島第1原発の建設計画が公表されたのである。世界的に見ても、1953年にアイゼンハワーの国連演説「平和のための核」がなされ、1957年には「国際原子力機関」（IAEA）が設立される。国際的にも日本においても、一定の攻防を伴いつつも、アメリカ主導の原子力政策が確立したのが1950年代だったのである。これが、政治経済の論理による原子力政策（平和利用）の推進として現在に及んでいる体制にはかならない。

　3・11の大震災と原発事故以降、日本においても世界においても、従来の原子力政策の批判的な問い直しの作業が行われつつある。ここに、危機を歴史的深層から捉えるという人文学的な視点が求められており[3]、キリスト教思想研究もその一端を担っているのである。本章では、以上の問題意識のもとで、まず、1950年代に核を論じた二人のキリスト教思想家、矢内原とティリッヒに注目することによって、キリスト教思想にとっての問題を明らかにし[4]、次にその問題に対するキリスト教思想の可能な取り組みについて論じたい。

二　危機の時代とキリスト教——矢内原忠雄とティリッヒ

　1950年代以降、人類は核の時代、そして宇宙時代に突入した。その背後には、近代以前と近代以降との間に生じた科学技術の質的変化が存在する。まさに、ハンナ・アーレントが『人間の条件』において語っている通りである[5]。

　　「一九五七年、人間が作った地球生まれのある物体が宇宙めがけて打ち上げられた。この物体は数週間、地球の周囲を廻った。」（アーレント、

1994、9)

　これは『人間の条件』の冒頭からの引用であるが、アーレントが人工衛星の登場から「人間の条件」を論じ始めたのは、この20世紀の科学技術が「人間の条件」を変容させる可能性をもつと考えてのことと思われる。つまり、宇宙空間は、「人間の条件の本体そのもの」である地球・大地から切り離された空間領域であり、人工衛星は「人間の条件から脱出したいという望み」（同書、11）を象徴しているのであり、これは、「人間の寿命を百歳以上に伸ばしたいという希望」と連動することにとって、人間の時間的空間的条件の変容を意味している。原子力や遺伝子工学は、こうした人間の状況から脱出したいという欲望の現象形態と考えてよいであろう[6]。

　結論を先取りするならば、ここから読み取ることができるのは、20世紀の科学技術の両義性であり、原発と原爆という二重の技術化は、原子力の両義性を端的に示している。まず、この点に注意しつつ、矢内原の原子力に関する論考を検討することにしたい。

　矢内原は、東京大学退職目前の時期に、原子力に関する一連の文章を残している[7]。

　原子力問題こそが晩年の矢内原の主要な関心事の一つであったことがわかる。まず、1956年の「原子力時代の平和」であるが、矢内原は原子力の両義性を明確に捉えている。

> 「真の問題はそのような止むを得なかったか否かという点にあるのではなくて、原爆という破壊力の大きい兵器を使用することの罪悪性にあるのです。原子力時代の平和は、破壊力の絶大な兵器の出現によっておびやかされている」、「恐怖心から起る平和の保障というものは底の浅いものであって、戦争の起ることを恐怖心だけで抑えることは出来ないだろう。」（同書、162）

もちろんこの時代、「原子力の研究は時代の寵児の観を呈し、原子力とい

う前代未聞の強力な動力源の発明により人類の幸福と繁栄にすばらしい前途が開かれるという予想」（矢内原、1957、173）が明確に存在していた。しかし、矢内原は、この原子力の光が闇を伴っており、これが科学技術時代の実態であることを見通している。矢内原は、トインビーの日本講演の内容を[(8)]、「原子力という巨大な動力は、平和的な目的に用いられる時には機械的生産方法と結びつき、破壊的な用途のために用いられる時は戦争と結びついている。このように現代は戦争の時代であり、機械化の時代であり、そして原子力の時代であるが、かかる時代において人に自由を与えるものは宗教だろう」（同書、163）とまとめているが、これはほぼ矢内原自身の見解と解することができるであろう。

　原子力は平和目的と破壊的な用途のいずれにも使用可能であるが、現代は戦争の時代である。しかし、たとえ平和目的に使用される場合にも、原子力は機械的生産方法を通して、人間の生に破壊的な影響を及ぼす。つまり、原子力を動力とする生活の機械化は、「人間が息をつく場所」を奪い、「機械化と原子力は根本的な意味においては人に自由を与えるのではなく、むしろ人の自由を圧迫する」（同書、164）。軍事利用はもちろん、平和利用も科学技術全般を規定する両義性を免れてはいないのである。矢内原は、学生の自殺やノイローゼの増加の背後に、人類が抱く「戦争と原水爆で非常な不安と恐怖」（同書、180）を指摘している。

　こうした観点から矢内原は、「幸福になる面もあるけれども、不幸になる面もあって、原子力時代になっても人は本質的に少しも幸福にならない」（同書、165）ことを無視した科学主義を「一つの迷信である」（同書、174）であると批判する。現代の科学主義は、「原子力神社でも建ちそうな勢い」（同書、173）であるが、この迷信は、国家権力と結びつくとき、学問研究の自由を脅かすものとならざるを得ない。

　「原子力時代の一つの特色は、国家権力の増大である。原子力の研究と応用は巨大な費用を要することと、その大部分が国防上の必要という名の下に行われるということは、この研究並びに応用に対する国家の管理

第四章　原子力とキリスト教思想

統制を強化する。原子力の秘密を国防上の理由から国家が保持することは、学問研究の自由の要求と衝突する。」（同書、175）

　この矢内原の発言は、東京大学総長として研究と教育を担う立場から発せられたものであり、ここに太平洋戦争に至る過程で行った預言者的発言に通じる姿勢を見ることができるであろう[9]。ここで必要になるのが、道徳と宗教なのである。矢内原は、科学技術は手段の研究であって、その目的を深く考えない欠点をもつが、この目的という問題は人間の問いに帰着すると考える。すなわち、「原子力時代の教育」は、人間存在についての深い洞察を必要としており、それは、宗教・哲学の問題とならざるを得ない。ここにあるのは、「原子力時代にあって、動かない心の平和と自由を人に与えるものは、まことの宗教だけであります」（同書、171）との信仰的確信なのである。
　以上のように、原子力を典型として現代の科学技術の中に、アーレントは人間の条件の変容を指摘し、矢内原は根本的両義性を見て取っていた。同様の主張は、死後に編集された論集『宗教の未来』に所収のティリッヒの諸論考の中にも見出すことができる[10]。宇宙開発として顕在化した地球脱出の欲望によって、一方には、「一種の人間と地球との間の疎外」、地球の「対象化（objectification）」が生じ（同書、50）、他方には、現代の文明内部に大きな不安が生み出された。

　　「人間の不安感は、詩篇第八篇の時代以来、支配する力の中で自尊心とバランスをとっていたのだが、支配する力の増加とともにかえって増加してきたのである。」（同書、49）

　近代以降の科学技術の進展は人間の不安を増幅させ、それは原子力技術によって頂点に達することになる。なぜなら、原子力技術を最初に形にした核兵器において、人間は「自分の所有している支配力を、人類の一部だけでなくそのすべてを絶滅させるためにも用いることが出来るという事実」に直面することになったからである。1950年代に設定された原子力の平和利用路

線によっても、原子力の負の側面がもたらす不安は、兵器の開発と結びつけられている限りなくなることはないのである。科学技術の問題は、経済や政治という問題連関における議論を要求する点で、すぐれて、文明総体に関わる問いと言わねばならないであろう。

以前に別の論考に論者が記した言葉を引用することによって、本節を結びたい[11]。

「この科学技術の両義性の影の面を認識するとき、キリスト教思想が科学技術に対してもつべき関わり方として、科学技術の批判的監視者としての役割を挙げることができるであろう。人間存在の有限性と罪責性とに規定された科学技術の両義性は、科学技術の力が増大するに比例して、その潜在的な危険性をも増大させるものであるが、しかしすでに述べてきたように、これは人間にとって偶然的な事柄でなく、むしろ科学技術をその本質に組み込んだ文明の運命と言うべきものであった。したがって、科学技術、特に近代以降現代の科学技術に対して向けられるべき批判的な監視の目は、科学技術に質的に規定された文明全体を視野に入れることが必要になる。科学技術に対するキリスト教的な批判の眼差しは、科学技術の社会批判（政治と経済）において具体化されねばならない。このように、科学技術の問題が、狭い意味での科学や技術の枠を遙かに超えた射程を有しているのは、これが人間存在自体の固有の事柄であることからの帰結なのである。」

三　キリスト教における科学技術論

本節では、ティリッヒの科学技術論を参照することにより、これまでの議論から得られた二つの論点、つまり科学技術の批判的監視と文明的視点とについて考察を進めることにしたい。ここで参照されるティリッヒの科学技術論とは彼の科学技術についての直接の論究ではなく[12]、1920年代後半にプロテスタンティズム論として提出された議論を科学技術論として解釈したも

のであり⁽¹³⁾、注目したいのは、プロテスタント原理を構成する四つの契機の弁証法的連関である。

　ティリッヒは、19世紀の自由主義神学と20世紀の弁証法神学の双方にまたがる、いわば両者が交差する場に位置するキリスト教思想家であり、前者のキーワードである形成（Gestaltung）と後者のキーワードである批判（Kritik）とを統合するものとしてプロテスタント原理を捉えようとしている⁽¹⁴⁾。これに自律と神律に対応した、合理性と超合理性という対を組み合わせることによって、つまり、「合理と超合理」と「批判と形成」の二つの軸によってプロテスタント原理の構造が浮かび上がり、ここに次の四つの契機が提示されることになる⁽¹⁵⁾。すなわち、合理的批判、合理的形成、超合理的批判、超合理的形成である。

　合理的批判は、歪曲としてのイデオロギーに対する批判、たとえばマルクス主義による資本主義社会批判が実例として挙げられる。一定の合理的理論に基づいてなされる歪曲した現実に対する批判の活動は、この現実と関わる上で不可欠の要素である。

　これに対して、合理的形成は合理的批判がなされる基盤・前提であり、リクールがイデオロギー論で、批判としてのイデオロギーの基層に見出した自己同一性としてのイデオロギーである⁽¹⁶⁾。個人あるいは共同体が行う批判は、その個人・共同体の自己同一性に基づいてなされるときに、批判として機能しうるものとなる。ティリッヒは、存在の秩序で言えば、肯定が否定に先行するのと同様に、形成が批判に先行しなければならないと考える。

　以上の合理的精神的営みに対して、その根拠（根底にして深淵）として機能するのが超合理性として位置づけられる契機である。有意味性が意味連関内の諸要素の相互関係という形式性において成立するのに対して、この意味連関自体の根拠付けとして機能する意味根拠に相当するものが、ここで超合理性が意図しているものと言えよう――なお、この超合理性という用語はティリッヒではなく論者による――。合理的批判がイデオロギー批判として社会的現実に向けられるとき、たとえ合理的な実現の見込みがないとしても、それが神から委託された誠実さの事柄として敢えて発せられ続けるとき、その

合理的批判は超合理的批判に支えられていると考えられる。旧約聖書の預言者の行った批判（預言者的批判）はその典型であり[17]、日本のキリスト教思想史から例を挙げれば、内村鑑三の非戦論はそれに相応しいと言えるかもしれない。

超合理的形成は、ティリッヒの用語を用いれば、「恩恵の形態」（Gestalt der Gnade）と呼ばれるものであるが、預言者的批判に先行しその前提として現前する形態的なもの、つまり祭司的な宗教基盤が実例として挙げられる。言葉に対するサクラメントをそのように位置づけることも可能かもしれない[18]。ここにも、否定に対する肯定の先行という論理構造が表れている。

以上がプロテステント原理を構成する四つの契機の相互関係であるが、そのポイントは、四つの契機はばらばらに存在するのではなく、相互に連関することにおいて、いわば弁証法的に統合されることによってはじめて、生きた宗教的文化的な生を成り立たせているという点である。1920年代のティリッヒが構想した宗教社会主義は[19]、まさにこうした弁証法的理論として提示されていたのである。

本章では、このプロテスタント原理を、科学技術に対するキリスト教思想という問題に適応することによって、先に述べた科学技術の批判的監視と文明的視点という二つの論点について議論を展開してみたい。

科学も科学技術もそれ自体は、人間の合理的営みであり、合理的な、つまり自律的な科学以外の科学は存在しない——合理的科学批判も基本的にはこの自津性のレベルに存在している——。これは、矢内原が「科学技術は手段の研究である」と述べ、その目的の議論を道徳、宗教的な人間理解の課題とした際の論点に関わっているが、ティリッヒの学問論から議論を展開するならば、「自己閉鎖的な科学」（自律的科学）と神律的科学——目的設定・批判・根拠付けへと開かれた科学、あるいはこれらの科学外部の契機と自覚的に関連づけられた科学——とを区別した上で、この神律的科学において、合理的批判と預言者的批判を結びつけること（いわば、神律的科学の第一段階）が可能になると言える。ティリッヒは、合理的批判としての社会主義を宗教的基盤と統合する宗教社会主義を構想したわけであるが、これは、たとえば、

高木仁三郎の「市民の科学」が試みる科学技術批判（反原発論）とキリスト教思想に基づく科学技術批判との関係づけとして具体化することができるのではないだろうか[20]。少なくとも、しばしば抽象的な原則論にとどまるキリスト教的な科学技術論が、現実の科学技術の内容に踏み込んだ批判性を獲得するには、合理的な科学技術批判と積極的に結びつくことが必要なはずである。これによって初めて、科学技術の批判的監視という役割は果たしうるものとなる。

四　課題あるいは展望

　以上より、科学技術の批判的監視については、ティリッヒのプロテスタント原理に基づいて一定の具体的な議論を行うことができた。しかし、科学技術の問題は、個別的なテクノロジーの問題にとどまらず、経済や政治をも視野に仕入れた文明の問題として捉えることが必要である（＝文明的視点）。これは、キリスト教から文明総体をどう見るかという課題となる。核を組み入れた文明の選択は可能か、そのための文明の条件は何か、人間の条件は何か、という問いに対して答えるには、文明総体を見る視点が必要である。これについては、人間存在の両義性を前提にした文明をいわば神律的文明（第一段階を前提とした第二段階）として構想することとして捉え得るかもしれない。

　神律的文明とは、超合理的形成（恩恵の形態）という源泉から生み出された豊かな合理的な諸形態の統合された総体である。しかし残念ながら、現代のキリスト教思想はいまだ神律的文明の輪郭さえも描くにいたっていない。あるいは、こうした文明構想がキリスト教思想の課題に相応しいかについても議論がなされるべきかもしれない。さらなる議論は稿を改めて行わなければならないが、しかし、本章の冒頭で述べた、1950年代とわたくしたちの現代との類似性に対して、最後に、この二つの時代の相違に言及することは重要と思われる。1950年代と60年後の現代との相違は、問題が、合理的と超合理的、あるいは自律と神律、世俗と宗教という枠組みだけでは捉えられ

ないとの自覚に関わっている。わたしたちの現代は、この枠組みに宗教的多元性を追加することを要求する。現代のキリスト教思想の課題は、キリスト教と世俗的合理性を宗教的多元性という問題連関において論じることを必要としており、科学技術や原子力の問題は、諸宗教による討論という場にも開かれねばならないのである。

注

(1) ヤスパースが『原子爆弾と人間の未来』(*Die Atombombe und die Zukunft des Menschen*) を発表したのは、1958年であり、原子力と人間の未来が国際的に共有された問いであったことがわかる。ヤスパースの議論については、次の論文を参照。藤田俊輔「ヤスパース『原子爆弾と人間の未来』における哲学と宗教」(京都大学大学院文学研究科宗教学専修『宗教学研究室紀要』第10号、2013年、79-87頁)。

(2) 本章での矢内原からの引用は、『現代社会とキリスト教』(キリスト者の信仰 VI、岩波書店、1982年) から行われる。

なお、1950年代の日本の原子力政策の決定過程については、47News の特集企画「原子力時代の死角 核と日本人」から知ることができる (http://www.47news.jp/hondana/nuclear/)。また、湯川秀樹と原子力委員会との関わりについては、京都大学旧湯川研究室同窓会有志「「原発の再稼働」をめぐって各界に訴える」(2012年4月27日。この文章は、次の菅野礼司のブログ「自然と科学」に収録されている。2015年1月20日に記事内容を確認。http://zero21.blog65.fc2.com/blog-entry-130.html) を参照。

(3) こうした人文学の役割については、次の拙論を参照。芦名定道「現代日本における人文学の課題——キリスト教研究の視点から」(北海学園大学『人文論集』第57号、2014年、135-147頁 (北海学園大学人文学部開設20周年記念シンポジウム「人文学の新しい可能性」記録)。

(4) キリスト教と科学技術との関わりについては、次の拙論を参照。芦名定道「科学技術の神学にむけて——現代キリスト教思想の文脈より」(日本宗教学会『宗教研究』第87巻、377-2、2013年、31-53頁)、「現代キリスト教思想における自然神学の意義」(京都哲学会『哲学研究』第596号、2013年、1-23頁)。

また、現代日本の宗教の公共性を原発の問題を含めて論じた論考として、島薗進「現代日本の宗教と公共性——国家神道復興と宗教教団の公共空間への参与」(島薗進／磯前順一編『宗教と公共空間——見直される宗教の役割』東京大学出版

会、2014 年、261-284 頁）を参照いただきたい。

(5) アーレント『人間の条件』（Hannah Arendt, *The Human Condition*, University of Chicago Press, 1958）からの引用は、ハンナ・アレント『人間の条件』（志水速雄訳、ちくま学芸文庫、1994 年）より行う。

(6) 原子力と遺伝子工学とが、人間存在と外的と内的の二つの自然の根本的改変を意味することは、20 世紀の科学技術が、それまでの科学技術と比べて質的に新たな段階に至ったということにほかならない。キリスト教思想の科学技術論にはこの意味を十分に消化した立論が要求されている。なお、論者自身の原子力と遺伝子工学に関する議論については、「生命の神学 2 ——遺伝子工学の挑戦」（『福音と世界』2018. 6、新教出版社）、「原子力の神学——原爆と原発」（『福音と世界』2018. 11、新教出版社）を参照。

(7) 矢内原忠雄『現代社会とキリスト教』（キリスト者の信仰 VI、岩波書店、1982 年）には、科学技術や原子力に関連した次の諸論考が収録されている。「原子力時代の平和」（1957 年）、「原子力時代の宗教」（1957 年）、「原子力時代の宗教 [手塚縫蔵先生三周年記念講演]」（1957 年）、「原子力時代の教育」（1958 年）、「原子力時代の思想」（1957 年）、「科学と道徳」（1960 年）、「宇宙と人間」（1961 年）。これらは、矢内原（1893-1961 年）の最晩年の思想に属している。その多くは、記載の年の前年に講演したものが翌年に雑誌などに収録されたものである。矢内原の科学論を、現代科学者による科学論（たとえば、池内了『科学の限界』ちくま新書、2012 年）と比較することは興味深い研究テーマであろう。

(8) 矢内原が言及するトインビーの日本講演は、1956 年に「歴史家が見た世界の情勢」という題でなされたものであり、『歴史の教訓』（岩波書店、1959 年）として出版されている。

(9) この矢内原の預言者的と呼ぶに相応しい発言は、矢内原忠雄『国家の理想——戦時評論集』（キリスト者の信仰 IV、岩波書店、1982 年）に所収の 1930 年代 40 年代の諸論考から鮮やかに読み取ることができる（本書第三章参照）。歴史的状況へ積極的に関わる姿勢は、1950 年においても、新しいテーマを加えつつ、貫かれていることがわかる。

(10) Paul Tillich, *The Future of Religions*, ed., Jerald Brauer, Harper & Row,1966. 本稿での引用は、邦訳（ジェラルド・C・ブラウアー編『宗教の未来』大木英夫、相澤一訳、聖学院大学出版会、1999 年）より行われる。これに所収の論考の内、本章に関連するのは、「宇宙体験が人間の条件と態様に対して与えた影響」(1963)、「進歩の理念の衰退と妥当性」(1964) である。なお、ティリッヒの核兵器への発言としては、「水素爆弾」(1954)、「ベルリンの状況における倫理的問題」(1961)

(Ronald Stone(ed.), *Paul Tillich. Theology of Peace*, Westminster/John Knox Press, 1990.（ロナルド・ストーン編『パウル・ティリッヒ　平和の神学　1938-1965』芦名定道監訳、新教出版社、2003 年））などが存在する。
(11) 芦名定道「科学技術の神学にむけて——現代キリスト教思想の文脈より」（日本宗教学会『宗教研究』第 87 巻、377-2、2013 年）、39 頁。
(12) ティリッヒの科学と技術に関わる論考を収録したものとして次の論集が挙げられる。
　　　J. Mark Thomas (ed.), *Paul Tillich. The Spiritual Situation in Our Techinical Society*, Mercer, 1988.
　　また、ティリッヒの科学論については、
　　　芦名定道「P. ティリッヒと科学論の問題」『キリスト教文化研究所紀要』（東北学院大学キリスト教文化研究所）第 20 号、2002 年、1-31 頁）を参照。
(13) 本章におけるティリッヒのプロテスタンティズム論についての論述は、芦名定道「P. ティリッヒのプロテスタンティズム論の問題」（日本基督教学会『日本の神学』第 25 号、1986 年、43-71 頁）に基づいている。
(14) 近藤勝彦「プロテスタント的「形成論」の問題——E・トレルチとP・ティリッヒの相違点をめぐって」（『現代神学との対話』ヨルダン社、1985 年、242-268 頁）も参照。
(15) 以下の議論はティリッヒ思想の論理的構造において特徴的と言うべきものであり、1920 年代に関しては、その論理的展開は意味論として示されている（芦名定道『ティリッヒと弁証神学の挑戦』創文社、1995 年、172-183 頁、参照）。つまり、「合理性─超合理性」とは、意味経験・意味行為を構成する「意味連関（形式）と意味根拠（内実）」の対として理論的に論じられており、この両項の関係が、「根底と深淵」（→「形成と批判」）という二重性において分節化されているのである。1920 年代後半のプロテスタンティズム論はこの論理構造に従っている。
(16) この議論については、Paul Ricoeur, *Lectures on Ideology and Utopia* (ed. by George H. Taylor), Columbia University Press, 1986.（リクール『イデオロギーとユートピア——社会的構想力をめぐる講義』川崎惣一訳、新曜社、2011 年。）を参照。この講義は、1976 年にシカゴ大学で行われたものであり、イデオロギーやユートピアをめぐる議論としては必ず参照すべき基本的なものと言える。リクールとティリッヒとを結びつけた研究として、芦名定道「ティリッヒのユートピア論」（現代キリスト教思想研究会『ティリッヒ研究』第 3 号、2001 年、73-82 頁）を参照。
(17) 困難な状況（王や民衆の無理解など）の中で、預言者が合理的な社会批判（合理性）を貫くことができたのは、それを支えるものとして超合理性（神の言葉の経

験)が存在したからであることについては、了解困難ではないだろう。しかし、神の召命を受けたときの若きエレミヤの答えや、預言者としての召命から逃れようとしたヨナの場合を考えれば、合理性と超合理性との関係は、あまり単純化して図式的に捉えるべきではないだろう。
(18) 最晩年のティリッヒが、この論点に関わるものとして、カトリックとプロテスタントとの神学的対話の必要性を指摘していることは注目すべきものと思われる。
　　Paul Tillich, *Systematic Theology. Vol. Three*, The University of Chicago Press, 1963, p.6.
(19) ティリッヒの宗教社会主義論の研究文献はかなりの数にのぼるが、論者自身のものとして、芦名定道「ティリッヒと宗教社会主義」(現代キリスト教思想研究会『ティリッヒ研究』第11号、2007年、1-19頁)、「近代キリスト教と政治思想――序論的考察」(京都大学基督教学会『基督教学研究』第28号、2008年、175-197頁)を参照。
(20) 高木仁三郎の「市民の科学」については、『市民の科学をめざして』(1999年、朝日新聞社)、『市民科学者として生きる』(1999年、岩波新書)などを参照。高木の科学論と彼の宗教理解との関係についても注目すべきであろう。

第五章

南原繁の政治哲学とキリスト教思想

一　問題

　20世紀は政治哲学をめぐり多くの議論が戦わされた時代であった。政治哲学は現代哲学の主要なテーマの一つを数えることが可能であり、そこで問われたのは、道徳から区別される政治の固有性であり、また現代の政治状況を理解し危機を乗り越える理論構築を行うことであった[1]。この問題状況は、現在も継続中であり、日本においても事情は同様である。

> 「戦後教育は、どの程度『教育基本法』に従って刷新されてきたのであろうか。『教育基本法』の理念や精神は、むしろほとんどその成立後数年にして、軽視されながら今日に到ったのではないかと疑われる。今、教育をはじめ日本の基本的体制の見直しを図るとするならば、戦後の改革に思想的、理念的に挺身した政治哲学者にして教育者南原繁を再読することはほとんど不可避的な要件に属するのではないかと思われる。」（近藤、2000、498）

　本章の考察対象となる南原繁は、日本の政治哲学史の中で特徴的な位置を占め、太平洋戦争後の政治状況において重要な役割を果たした政治哲学者であり、また内村鑑三の弟子として無教会キリスト教信仰者であった[2]。20世紀の歴史的状況の中で思索した南原の政治哲学をその哲学的基礎から検討し、彼が取り組んだ諸問題について考察を行うこと、これが本章の目的であ

る。

　南原の政治哲学を考察するために、本章では南原の最初の著作であり、主要著作の一つである『国家と宗教――ヨーロッパの精神史の研究』（1942 年）と翌年刊行された補論「カトリシズムとプロテスタンティズム」とを中心に分析が進められる。これは、『国家と宗教』が南原の最初の著作であるにとどまらず、そこにはその後の南原の政治哲学の展開がその端緒において示されており、『国家と宗教』から南原の思想全体が明確に把握できるからである。『国家と宗教』以外の著作は、必要に応じて適宜参照される。本章では、まず南原の哲学思想の哲学的あるいは宗教的基盤を明らかにし、その上で、『国家と宗教』の意義あるいは目的を、全体主義論という視点から論じたい。なお、『国家と宗教』からの引用は、岩波文庫版から行い、頁数のみを記すことにする。

二　南原政治哲学の基礎

　『国家と宗教』は、副題にあるように、「ヨーロッパ精神史」という視点から構想されている[3]。そこにおいては国家論・政治思想を含む「ヨーロッパ文化」がキリスト教と古代ギリシャという二つの根本契機によって捉えられ、ヨーロッパ精神史はこれらの諸契機に注目することによってその理解が試みられる（335）。こうしたヨーロッパ思想史理解は、ヘレニズムとヘブライズムといった類型論を生み出した 19 世紀の思想史研究の成果に基づくものであるが[4]、南原は、哲学的には新カント学派、そしてキリスト教理解においては、トレルチらにその多くを依拠している。こうした思想的伝統より南原が受け継いだものは、哲学とキリスト教思想（神学）とは、明確に区別されつつも、決して分離される得るものではなく、むしろ両者は緊密な相互連関にある、という思想史的理解である。たとえば、南原がしばしば言及するトレルチは、まさに哲学と神学の相互作用が展開する場に位置しており、本章で解明を試みる南原の価値並行論は、新カント学派の哲学を基盤にしつつも、同時にキリスト教思想と結びつけられているのである[5]。

『国家と宗教』で南原は、1920年代ドイツにおける新しいプラトン研究に言及しつつ、ヨーロッパ精神史をプラトンから論じ始める（第1章）。この新しいプラトン研究というのは、新カント学派のプラトン理解を批判しつつ登場したゲオルゲ学派に属する研究者のプラトン解釈である。南原は、このゲオルゲ学派のプラトン研究について、次の三つのポイントを指摘している[6]。

　第一に、プラトン哲学の中核として捉えられるべき問題は、認識論ではなく、『国家論』において展開された「政治的国家の問題」である。この観点からすると、「エロス」とは、「根本において世界と宇宙の産みの力」「国を造る生々の力」「生ける全体的国家」の紐帯であると言わねばならない。

　第二に、プラトンの国家哲学の中心を形づくるのは、哲人王である。哲人王は、人間の世界を救済すべく行為する存在であり、政治指導者として建国の象徴と位置づけられる。「哲人こそは天と地、神と人とのあいだを媒介する半神人のデモーニッシュな性格を具えた者」(33)であって、「国家の規範は哲人たる主権者において具体化」(34)される。

　そして、以上の国家哲学は、第三に「神政政治」の思想に至る。

　　「最高の共同体としてのイデアの世界の実現たる国家は、それ自ら人間最
　　高の徳の世界の映像にほかならずして、国家はまたそれ自体まさに『神
　　の国』である。」(36)

　これらの内容において展開されたゲオルゲ学派のプラトン解釈は「いわゆる新カント学派のプラトン観に対して、全く新しいプラトン像」(38)であり、プラトン哲学を国家哲学として解する点で、南原はゲオルゲ学派に一定の真理契機――政治固有の意義の認識――を認める。しかし問題は、ゲオルゲ学派のプラトン理解の第二、第三の論点である。これらから帰結するのは、「プラトンにおける神話的要素を高調し」、「本源的な生の統一、世界の原始像としての文化の全体的統一、神話的世界観への復帰」(41)することだからである。これが、南原がゲオルゲ学派を批判するポイントにほかならない。そこには、「保守的・反動的志向」が顕著であり、ナチスなどの現代の独裁政

第五章　南原繁の政治哲学とキリスト教思想　　81

治理論と相通じるものと評されている。

> 「近代国家が多くの欠陥と誤謬を内包するとはいえ、以上のような国家観をもってこれに代えることは不可能であるのみならず、そのこと自体大なる危険を包蔵するものである。」(46)

　このようなゲオルゲ学派批判から議論が開始され、最後に第4章「ナチス世界観と宗教」が置かれていることは、次節で論じるように、『国家と宗教』において全体主義批判がその目標の一つとされていることを明確に示しており、この目的遂行のために南原が依拠しているのが、カント政治哲学とそれに基づく「価値並行論」なのである。これは、プラトン解釈という点に即して言えば、「カントの理解」を出発点としてプラトンを批判的に再構成するということにほかならない。

> 「プラトンにおけるごとき善のイデアまたはその他の一つをもって最高の絶対価値とすることなく、むしろ宗教・道徳および政治の各領域における文化の価値の自律とその相関関係の思想が確立されてあるのを知るのである。かようにして、遠くプラトンの偉大な理想国家の構想がカントによって初めて批判的構想を得たものと称して過言ではないであろう。」(171)

　次に、南原政治哲学の哲学的基盤といえる価値並行論へ考察を進めよう。南原の価値並行論は、新カント学派（西南学派）のカント解釈に依拠しつつ、『フィヒテの政治哲学』（1959年）において展開されたものである。その内容は次の三点にまとめられる。すなわち、道徳哲学を基礎論としたカントの価値哲学、カント価値哲学の政治的価値への拡張、そして超価値としての宗教の三つである[7]。しかし、これらの論点は『国家と宗教』においてすでに確認することが可能であり、ここでは、『国家と宗教』に基づいてその要点を検討することにしたい。

南原は、カントの政治哲学を論じる前に、「人間」の批判という観点から、カント批判哲学の全体を概観する。南原のカント解釈は、カント哲学を規定する、自由と自然、形式原理と実質原理、内的と外的という一連の枠組みとそれに基づく二律背反、そしてその克服という議論の流れを明確に提示するものであり、標準的で簡潔なカント論と言える。その上で、南原は、カント哲学の中心が「道徳法則に根拠する意志の自由の主体としての人間」（157）であり、それは「宗教改革が深め、かつ固めたところの個人人格思想の哲学的構成でもあった」（158）とまとめる。しかし、南原によれば、カント哲学は道徳哲学を基礎にしつつも、それにとどまるものではない。すなわち、「国家および政治論」がカント哲学の必然的帰結であって、そこに「全哲学思想が完結せられる」（161）と解されなければならない[8]。問題は、国家・法律論の倫理的基礎は何かということになる。このために、南原はいったんカントの宗教哲学について簡単に触れ、その後に、国家論へと向かう。

　「道徳は人間行為の動機・心情・意志の内的自由の問題としてついに宗教に導き、神の国を要請するに至ったが、他方に心情は行為において実現せられ、内的自由は外的自由を要求する。ここに『道徳の国』の原理は外的な『法律の国』としての国家の観念へと導く。」（168）

　この議論の展開は、カント哲学における内的と外的の関連性に基づいて、まず内的自由の事柄としての道徳が宗教に至り、その宗教が内的と外的のいわば二重性を有することを示すものと解釈できるであろう。すなわち、南原は根本悪（自然的傾向性が行為の格率として最高の妥当を要求すること）の議論を通して、カントが道徳から宗教へと進まざるを得ないこと、つまり、「カント全哲学体系の中心である道徳説は宗教に導く」（167）ことを明らかにし、その上で、「見えない教会」と歴史的な「見える教会」との区別と関連性に至るのである。まさにこの内的と外的の対応関係こそが、カントにおいて道徳から政治へとカントの論理（内外相関に基づく類推）を南原がたどる際のポイントにほかならない。「道徳の国が内的自由の共同体と称するなら

ば、国家はその必然な自由の外的形式として法的共同体である」（169）と言われる通りである。もちろん、この場合の国家は、先の「見えざる教会」と同様に、アプリオリな原理に基づく一つの理念であり、国家の法律は、一人の恣意が他人の恣意と調和しうるための諸制約の総体にほかならない。南原は、道徳という内的論理がその外的な実現として教会と国家という外的理念を要求するという点において、カント哲学の全貌を捉えようとしているのである。

> 「カントにおいては道徳を中心として、一方は宗教に導き、他方は法律に連なり、かようにして『宗教の国』と『法律の国』とは『道徳の国』を境として、互いに接合する。」（170）

このようなカント解釈は、後の価値並行論の核心点を実質的に提示したものと言える。というのも、カントの批判哲学が真善美の各文化価値をそれらの各領域に固有な価値原理として定立するものであり、そこに「宗教・道徳および政治の各領域における文化の価値の自律とその相関関係の思想」（171）が見出されるのは、価値並行論の基本構想そのものだからである。

『国家と宗教』では、この道徳と政治との内的外的の相関関係が、具体的には、次のようにまとめられている。『実践理性批判』においては、徳と幸福との原理が構成する実践理性の「二律背反」が、霊魂の不滅と神の存在の要請に基づく最高善の理念によって解決されるわけであるが、それに対応して、政治哲学には、正義という形式的原理と福祉・安寧という実質的原理の二律背反が存在し、これを解決するのが「永久平和」の理念である（182）、と。

この道徳・政治・宗教の価値論的な相関関係論は、価値並行論の原型と言うべきものであるが、『国家と宗教』の補論で論じられるように、それは新しい形而上学の基礎を必要とする。南原は、この形而上学構想について、ヴィンデルバントやリッケルトの西南学派やトレルチらに念頭においていたことがわかるが（397）、南原自身はこの構想の実現に着手することはなく、それに伴って、価値並行論もいわばスケッチ的な叙述にとどまることになった。

注２でも指摘するように、この点で南原は政治哲学者というよりも、政治思想史家であると評すべきだろう。

　以上のように、南原の価値並行論は、カント哲学に基づいて提示されたものであるが、それは同時にキリスト教と緊密に関係づけられており、それがいわば南原哲学の深みを成している。『国家と宗教』におけるヨーロッパ精神史は、初期キリスト教、宗教改革、無教会という宗教思想ラインが、プラトン、カントの哲学思想ラインと交差する仕方で、国家と宗教との関係を歴史的に描き出しているのである。したがって、以下において、この宗教思想の原点に位置づけられるイエスと初期キリスト教についての南原の理解と、価値並行論との関わりを確認しておきたい。

　価値並行論では、真善美とともに政治的価値である正義が相互に還元不可能な固有の価値領域を形成しているのに対して、宗教的価値としての聖は、ほかの諸価値によって構成される価値の平面（＝文化）上に位置する一価値としてではなく、価値の平面の超越（高さ）あるいは深みとして位置づけられている。この点は、これまで見てきたカント解釈（『国家と宗教』第三章）の文脈よりも、むしろイエスと初期キリスト教についての議論（第二章）から読み取ることができるであろう。

　まず南原は、キリスト教の中心メッセージを、「神の国」において、特にアリストテレス以降のギリシャ哲学の展開における「形而上学的ないし神秘主義的宗教」と対比することによって、その特徴を明らかにしようとする。これらギリシャの宗教が「少数者の精神的貴族主義」というべきものであったのに対して、キリスト教の神の国の宣教における救済は、神の側からの絶対的な恩恵として到来し人間に求められるのは純粋な信仰である点で、画期的な意義を有していた。

　　「プラトンにも見られるような、仮相の世界からイデアの世界へ上昇するかのごとき形而上学的解脱ではなく」（85）、「悩める者・虐げられる者にとって真の『福音』であり、あたかも当時、ギリシャ・ローマ文化の潮流に打ちひしがれ抑圧されていた一般民衆にとっていかに大なる『革

命』であったかは、われわれの容易に首肯し得るところである。」(86)

　この主張は、キリスト教が心の内面性、純粋さを基礎として、自由な個性、新しい人格概念を核心とするということを意味する。つまり、イエスと初期キリスト教は、いわば絶対的個人主義という基本的な特徴を有しており、その点で基本的に非政治的なのである。しかし、「神の国」における「国」という表現からもわかるように、キリスト教の個人主義は、他者から切り離され孤立した個なのではなく、むしろ「神の愛によって結ばれる、絶対的な新しい社会共同体の理想」を可能にする人格的な個を主張するものである。このようにして成立する「愛の共同体」は、「神を中心としてついにすべての民族・全人類にまで及び得る『普遍主義』」(88)を特質としており、南原は、キリスト教を絶対的個人主義（自由）と絶対的普遍主義（平等）という二つの宗教理念の「綜合」として捉えているのである（130）。

　以上の南原における「神の国」理解は、南原が『国家と宗教』のもとになった諸論考を執筆した当時（1920年代から30年代）の新約聖書学や初期キリスト教研究に依拠したものであり[9]、注には、トレルチ『社会教説』、ハルナック『キリスト教の本質』の書名が見られる。特に、絶対的個人主義と絶対的普遍主義という表現はトレルチにおいて確認することが可能であって、これは南原とトレルチの関わりの一端と言える[10]。また、南原の「神の国」は福音書に基づくものであり、アウグスティヌスの「神の国」については、『国家と宗教』全体でも、それほど立ち入った議論は見られない。初期キリスト教から中世カトリック主義へ議論を進める中で、アウグスティヌスは、「神の国」と「地の国」との関係についての一頁に満たない扱いにとどまる。むしろ、目立つのは、イエス・初期キリスト教、宗教改革、無教会主義という思想系譜であり、南原のヨーロッパ精神史理解は、哲学的思想史的考察に基づくものであっても、南原の信仰的な立場と無関係とは言えないであろう。特に、第二章におけるキリスト教の叙述において、中世あるいは教会に対する批判はきわめて明確である[11]。

　では、以上のキリスト教理解と価値並行論とはどのような関係にあるのだ

ろうか。もちろん、『国家と宗教』のキリスト教理解に価値並行論そのものを求めることはできないが、価値並行論における宗教と相互に並行する文化的諸価値（真、善、美、正義）との関係づけが、イエス・初期キリスト教から宗教改革、そして無教会主義へと通底する宗教理解に合致することは注目に値するものと言える[12]。それは、文化に対する宗教、特にキリスト教の超越性の議論である。

　一方で、「イエスの宗教は道徳的人格価値からの超越であったと同様に、また実に政治的社会的価値からの超越でもあったのである」(100)。宗教は文化的諸価値の地平を超えており、「国家共同体はもはやそれ自身最高の価値を有するものではなく、最高の規範は政治的国家生活を超えて存する」(101)。しかし、他方、「それにもかかわらず、かかる宗教の超越性は、この世の現実の営みと結合とを否定するものではない。何となれば、宗教は自ら固有の文化領域を形成するものではなく、自ら文化の価値を超出するものであるが故にこそ、かえってもろもろの文化領域の中に入り込み、これに新たな内容と生命を供し得る」(131)。こうして描かれた宗教と文化的諸価値との関係は、南原の価値並行論の核心を成しており、それはカント哲学の議論から展開されたものというよりも、南原のキリスト教理解に根拠を有するものと解するのが適当であろう。カント哲学の展開という線上に、価値並行論を位置づけることには限界がある。

　もちろん、このような宗教の超越性理解は、宗教による文化の統制を正当化するものではなく、むしろ、価値並行論は宗教に対する文化的諸価値の固有性を擁護することをめざしている。これは、カント的な自律の立場を堅持するということであり、ここから、南原は中世の教会概念を批判することができたのである。

> 「プラトン国家の中核である哲人政治の理想政治が、いかにローマ法王の教会政治と相通ずるものがあるかは、極めて興味ある問題でなければならぬ。・・・その場合、宗教と道徳のみならず、学問と芸術に至るまで、一切の文化がかような絶対的権威のいかに厳格な統制のもとに立たしめ

られたか。」(111 − 112)

　以上、本章では南原の政治哲学の基礎をなす価値並行論について、カント哲学の展開とキリスト教理解の展開という二つの議論を辿ることによって、いわばこれら二つの思想系譜が交差するところに価値並行論が位置することを確認した。これらのそれぞれは、南原独自の哲学的思索の構築物というよりも、南原は自らが依拠する豊かな思想世界からヨーロッパ精神の特質を的確に描き出したと言うべきであろう。しかし、このことは、南原の思想家としての独自の意味を否定するものではない。たとえば、南原のカント解釈は、カントの国家論を国際政治論へと展開することによって、カントにおいては追求されずに残された問題の解明をめざし、カントを超えて大胆な理論展開を試みているのである[13]。それは、「民族個性国家の本源的価値を承認し、その相互の協同によって国家的秩序を超えての、世界に新しい秩序」の創造をめざし、「諸民族共同社会の普遍的秩序」(200)を建設するという近代の国民国家についての議論の中に見ることが可能であり、そこに、南原が自らの生きた時代の問題に正面から向き合っていることを確認できるのである。そして、これが次節において取り組むべきテーマにほかならない。

三　全体主義論の射程

　『国家と宗教』の目的は何か。もちろん、それは、初版の序の冒頭で述べられたように、「国家と宗教との関係」という根本問題を探究することである。しかし、『国家と宗教』は宗教との関わりで国家を論じる学術書であるにとどまらない。1958年の改版の序における、「敗戦日本の再建は、この意味において、日本国民のそれまで懐抱して来た日本的精神と思惟の革命の要請であったはずである。・・・終戦後十余年、・・・そこには、かえって旧い精神の復興の兆候はないか。真の神が発見されないかぎり、人間や民族ないし国家の神聖化は跡を絶たないであろう」(5)との言葉は、『国家と宗教』が時代のそして日本の現実的な問題と対峙するところに成立したことを示してい

る。これは、戦後の改版の序だからではない。実は、1942年の初版の序ですでに次のように述べられていたのである。

> 「今次ヨーロッパの大戦において諸民族によって戦わされている政治的闘争の根底に、宗教との関係をめぐって、いかに深刻な世界観的闘争の問題が存在するか。事はひとりヨーロッパのみの問題でなく、大東亜戦争の開始により、わが国にとっても二にして一なるこの世界の大戦において、如上の問題はまたわれわれの深い関心事でなければならず、殊に日本が真に世界史的民族として東亜に生きんとする場合、この問題に対する理解が将来わが国文化の発展の上に重要な交渉をもたらさずには措かぬであろう。」（15－16）

このように『国家と宗教』は世界大戦下の日本の問題を明確に意識して書かれたものであり、本節では、『国家と宗教』が、全体主義批判を意図し、そのために、ナチスをヨーロッパ精神史に位置づけことが試みられていること、そしてそれが世界大戦に至る近代日本を射程に入れていることを明らかにしてみたい。

まず、南原がナチスの全体主義をどのようにヨーロッパ精神史に位置づけているかについて、概観することにしよう。

ヨーロッパ精神史はその二つの源泉である古代ギリシャとキリスト教との、あるいは「神の国」と「地の国」との緊張関係において進展し、そこにはこれらの緊張関係を文化総合にもたらすものとして偉大な二つの類型が見出される。一つは中世カトリック主義の類型（トマス）であり、もう一つが、宗教改革とカント哲学に続く近世的プロテスタント的類型（ヘーゲル）である。ナチスは、この近世的プロテスタント的類型における文化総合への反動（＝総合の崩壊）とその反動に対するさらなる反動という精神史的プロセスに位置づけられる。これがヨーロッパ精神史におけるナチス理解である。同時代の日本におけるナチス論としては、南原と同じ無教会キリスト教に属する矢内原忠雄のものが存在するが、矢内原が「ドイツのナチスの主要政策は反

共産主義的、反ユダヤ人的、並に反ベルサイユ条約的であり、その社会的基礎は大体に於て前資本主義的なるユンカー主義と産業資本主義との聯合の上に立つところの運動であると私は解する」(「ナチス協定と自由」1937年、『国家の理想——戦時評論集』岩波書店、341頁)というような社会科学的分析を行っているのに比べ、南原のそれはまさに思想史的なナチス論と言えよう[14]。

次に、南原の精神史的なナチス論の要点を確認することにしよう。ヘーゲル哲学はすでに述べたように、ヨーロッパ精神史におけるギリシャ精神とキリスト教との総合として位置づけられる。

> 「プラトンの国家理想は、近世に至ってルソーを通して、ドイツ理想主義国家哲学に流れ込み、カントに出で、ヘーゲルに至って近代的完成を遂げ、新しく近世キリスト教の原理と結合せられたのである」(117)。

しかし、このヘーゲル的総合も、中世的総合と同様に、キリスト教の「神の国」の理想の合理的な政治的組織化であり、それによって「神の国は本来『愛の共同体』としての特質を喪失して、いまや、さながら国民国家的な一個の政治的王国へと転落」(117)してしまった。特にその後の精神史的展開にとって問題になるのは、ヘーゲル的国家は「絶対性」を特徴とし、それゆえ、「彼以後ドイツを中心として結成せられた国家万能の主張と反動思想に対して、彼自ら責任がある」こと、しかも、ヘーゲルの世界精神はその内実が「その時代を担って立つ特定の民族精神」(118)であり、したがって、ヘーゲル的国家はゲルマン民族国家であったことである[15]。

このヘーゲル的総合の崩壊からナチスの台頭に至る精神史的展開は、概略、次のように説明される。まず、ヘーゲル的総合の崩壊——ヘーゲル学派の右派と左派への分裂——は、絶対的観念論に対する極端な反動を引き起こし、そこに成立したのが、「マルクスおよびエンゲルスの経済的唯物史観」であり、また実証主義の支配であった。

「ヘーゲルにあって神的な絶対的世界精神として考えられたものが、単なる人間の発展となり、・・・その物質的経済的存在の方面のみが強調せられ、しかも、かような人間の物質的存在の関係、すなわち経済的生産関係が、本来精神の運動である弁証法を、こんどは自分の側にひきつけ、自分自身の発展に利用するに至った。」(119)

　共産主義社会は、人間の自由と平等の共同体をめざしており、この点で、キリスト教的観念の摂取および変容として成立したものと解することができる[16]。しかし、この根底においては、キリスト教の理想である「神の国」とは隔絶したものであり、「近世宗教改革の精神の喪失であると同時に、また、ルネッサンス的人文主義の平板化」(241)、「宗教の否定」にほかならない。共産主義におけるヘーゲルの絶対的観念論に対する反動は、精神的個性としての人格を量的個へと、また人間と人間を内的に結合する紐帯を解体し、それによって社会を利益社会的結合へと変質させた。これは、自然科学をモデルとした実証的合理精神の勝利であって、「近世政治生活に関する思惟の貧困を露呈し、精神的無内容を暴露する」(252) に至るものになった。こうした絶対的観念論への反動は、再度それに対する再反動を引き起こすことになる。南原はここに「ナチス勃興の精神的理由」として、つまりこれまで辿ってきた「ヨーロッパ近代精神」とその帰結に対する反抗を見出したのである。
　反動に対する再反動としてのナチズムは、「自由主義の政治的貧困」に対して「有機体的全体としての民族の統一的組織体」としての国家を創造することをめざし、全体に対する個の服従と犠牲精神の高揚という新しい倫理の形成を叫ぶ。そこに「一種の理想主義」「新ロマン主義」の精神を見ることができる。またそれは、根本的には、近代の実証主義的科学主義的哲学に対抗する「一種の『生命』の哲学」を基盤としており、「血」「地」という自然的共同性としての人種を基本原理とし、この人種という最高価値に他の諸価値は従属させられる。それは結局、「一般の文化の否定と破壊」を帰結し、「人間は直接民族的生の存在に従属して考えられる結果、自律的な人格価値または精神的個性としての自由の意義を喪失するに至る」(263)。

以上の反動に対する再反動は、決してナチズムだけに見られるものではなく、同時代の精神的思想的な諸動向に共有されたものであることに南原は注目している。『国家と宗教』の第1章で取り上げられたゲオルゲ学派はこの「再反動」の一翼を担うものであり、また第2章で「政治と宗教との綜合」の復活を試みる「カトリックへの復帰とヘーゲル哲学の再興」(126)、つまり新スコラ主義運動と新ヘーゲル哲学も、この動向に属している。さらには、「弁証法神学」「危機の神学」もこの再反動の動向と無縁ではないのである[17]。南原は、この再反動の危機の状況を克服する道を、キリスト教的な「神の国」の理念とカントの批判哲学の中に見出そうとしたのである。
　では、このナチズムの再反動は、日本といかなる関わりがあるのだろうか。すでに見たように、南原が『国家と宗教』において追求したヨーロッパ精神史は、ナチズムの全体主義の精神的な成立基盤を顕わにするだけでなく、「大東亜戦争」前後の日本もその射程に入れたものであり、これは、再反動についての次のような評価と重ね合わせることによって表現されているように思われる。
　近代精神に対する反動に対する反動としての再反動は、「現代における『宗教復興』」と評価できる面をもつなど[18]、一見すると創造的で活力的に見える。しかしその内実は、「精神的に真の敬虔と情熱もなくして、ただ政治的動機からこれを絶叫する」だけであり、「特定宗教の信条を信奉しない者はややもすれば呪われた異端者、あるいは反逆者としての刻印」(121)を押す排他主義にほかならない。また、それは、次のような意味で、古代的な神政国家思想の復興と言わねばならない。

　　一般に古代世界では、「国家の主権者は同時に宗教上の首長」であり、「政治と祭祀は常に一つに結合されるべきだ」と主張され、それは「徹底すれば一つの『国教』制度」(122)となる。その「宗教的神聖は、人間の純粋に内的な心情においてよりも、神的な宗教的行事、すなわち、礼拝・祭典・儀礼などにかかって」おり、「全社会生活は宗教的伝統と権威によって規律せられ」、「一般に学的思惟の発展が排除される」、「神々と

個人と社会とが一つに国家において統合せられ、国家共同体の周囲に宗教的情熱とすべての道徳的義務と社会的利害とが凝集せられてある。」（123）

　以上の再反動の分析が一九三〇年代から敗戦に至る時期の日本の精神的状況を連想させるものであると言うのは、まったくの誇張あるは誤解であろうか。こうした印象は、『国家と宗教』の各所から読み取りうるものであるが、これがもっとも明確に現れるのは、「第4章　ナチス世界観と宗教」においてである。そこにおいては、ナチスの世界観が体現した宗教性は、「キリスト教を排斥するために『北方的』に解釈されたギリシャ文化を立てたもの」「否定的ニヒリズム」であり、したがって、それは「ヨーロッパ文化に対してどこまでも反立的・過渡的位置を占めるにすぎない」（313）と断じられる。
　本質的にこのような特質をもつ再反動を正当化するために登場するのが、哲学思想なのである。

「現代イタリーにおけるファッシズムの世界観的基礎づけを試みるに当って、ほかならぬカトリック宗教をもってする者があっても、そのこと自体怪しむに足らぬとともに、また新ヘーゲル主義が努めてナチスに追随して、その哲学的基礎たろうとすることも、われわれに不思議ではない。」（127）

　もし、そうであるとすれば、日本における再反動においても、それを哲学的に基礎づける試みが存在したはずである。ここに、同時代の日本の哲学動向に対する南原の批判的眼差しを確認することができる。南原は、第4章で先のようにナチス世界観を論じた上で、その最後を締めくくるかのように、日本精神または日本文化、そして「日本主義」の哲学に言及する。それは、「西田哲学に端を発した田辺博士を中心とする『無』の哲学ないし『絶対弁証法』」（314）を、日本精神の固有性の確立の試みと解釈するものである。こうした南原による田辺哲学批判の妥当性について、ここで十分に検討するこ

とはできないが[19]、南原が田辺哲学の中に、ナチズムと同型の論理構造を見出していることはきわめて明瞭である。南原は、『国家と宗教』との関連で次のように田辺哲学を解釈する。

> 「あたかもヨーロッパ文化の歴史哲学的構造の契機として挙げた宗教・哲学および国家の三者を西洋とは異なる方法によって結合し、ここに独自の学的世界観を樹立しようする企図として理解し得られる。」(315)

田辺哲学においては、その中心に位置する「種」としての民族と、この種に否定的に対立する「個」とを否定の否定（絶対的否定）において統一綜合するものが「類」的存在としての国家である。国家は、「無」の絶対的普遍性の対自化せられた「絶対の応現的存在」として考えられるが、この永遠なる国家と具体的な宗教との綜合こそが、田辺の哲学的思惟の根本特徴なのである。こうして、「国家こそ真の宗教を成立せしめる根拠、否、それ自ら『地上の神の国』となる」(317)。これが南原による田辺哲学の要約であり、ここに「国家に対する弁証法的信仰、『国家信仰』」の成立、国家の「絶対性」の承認が確認できる。

> 「人はかのような東洋的汎神論においてふたたびナチスの場合よりもさらに一層高揚せられ、深化せられた形において『民族』と『国家』の神性が理由づけられるのを見ないであろうか。」(319)

とすれば、国民を戦争へと動員する日本精神・日本思想とは、すでに先に反動に対する再反動としてのナチスに対して述べられたのと同様に、この国家信仰を信奉しない者を異端者あるいは反逆者（非国民）として排除し、その内実は、「精神的に真の敬虔と情熱もなくして、ただ政治的動機からこれを絶叫する」(121)だけの否定的ニヒリズムということにならざるを得ないのではないだろうか。こうした時代状況において、南原の日本批判は、ナチスや古代的精神性の復興に対する批判、あるいは田辺哲学解釈と重ね合わされ

ることによって偽装を施されてはいるが、その真の意図を読み取ることは決して不可能ではないように思われる[20]。ともかくも、『国家と宗教』は、「ナチス世界観と宗教の問題はひとり現代ヨーロッパの、あるいは単にドイツのみの問題ではなくして、また実にわが国と世界の緊要の問題たるを失わぬであろう」(327)、と結ばれるのである。

四　結び

　南原の『国家と宗教』は、これまで確認してきたように、「国家と宗教」をテーマとしたヨーロッパ精神史研究（政治思想史）であり、ナチスの全体主義批判にはその背後に同時代の日本の精神状況に対する批判が重ね合わされていた。しかし、南原が『国家と宗教』でめざしたものは、これらに尽きるものではないように思われる。それは、戦後日本への展望である。戦後、南原は東京大学総長に就任し、日本国憲法草案審議に関与し、教育刷新委員会の委員長を務めた[21]。この戦後の南原が自らの指針として述べたのが、講演「新日本文化の創造」（1946年2月11日）であり、近藤勝彦は、この南原の講演について次のように指摘している[22]。

　　「『人間革命』の主張は、南原の『新日本文化の創造』の根本として語られたのであって、『価値併行論』は南原の戦後日本再建の理論的根底をなしていたと言うべきであろう。そうであればさらに、彼の『宗教的神性』の理解と主張は、『人間革命』の転回点をなし、『新日本文化の創造』の決定的基点をなしていたと言うべきであろう。」（近藤、2000、514）

　南原の『国家と宗教』の中に提示されつつあった「価値並行論」は、ナチスと日本精神批判にとどまらず、戦後日本の国家と文化の再建をも展望するものであった。それは、『国家と宗教』の「第1章　プラトン復興」の終わりの部分において、日本精神に言及する中で、「これが本来の日本精神の意義であったし、また、われわれの建設すべき新しい日本文化の理念でなければな

らない」(61 − 62) と述べられた通りである。1942 年の時点で、南原はすでに戦後を展望していたと言うべきかもしれない。この言葉はさらに次のように続けられる。

「その場合永い歴史の行程において、おのおのの民族の歴史的特殊性をいかにして普遍的人類的なものにかかわらしめるか、所与の現実を通していかにして理性の当為を実現すべきかは、『学問』におけると同様に『政治』においての根本の問題である。そのとき、政治的真理としての『正義』は、あらゆる国民と国家の向いゆくべき理念でなけれなならない。」(62)

この根本問題に対して、戦後の南原は主には教育の場で取り組んだのであるが、これは価値並行論との関わりで言えば、国家や宗教から独立した価値としての真理をめざす学問の自律性を現実化する取り組みであったと言える。ここにおいても、南原の政治哲学は具体的な歴史的状況と切り結んでいたのである。

注

(1) 現代思想における政治哲学の活発な動向については、『岩波講座　政治哲学』(全六巻) の刊行などから容易に確認することができる。この講座企画の背景について次のように説明されている。「近年、『政治哲学』への関心が高まっているといわれる。・・・その背景には、経済的分配の問題をめぐる矛盾・対立や、アイデンティティの政治、そして政党政治の行き詰まりやポピュリズム現象といったデモクラシーの変容／危機などの現実を受けた、政治の規範的・価値的要素への実践的関心の高まりがある」(「刊行にあたって」から。『岩波講座　政治哲学 1　主権と自由』岩波書店、2014 年、Ⅴ頁)。

この政治哲学への関心の背景は、まさに本論文が取り上げる南原繁が直面した問題であり、南原の政治哲学はその現代的意義において評価するに値するものと思われる。この点については、本章の「一　問題」で引用の近藤論文が指摘する通りである（近藤勝彦「南原繁における「価値併行論」と宗教的神性」、『デモクラ

シーの神学思想——自由の伝統とプロテスタンティズム』教文館、2000 年、498 頁）。
(2) 南原の伝記的な事柄については、山口周三『南原繁の生涯——信仰・思想・業績』（教文館、2012 年）が詳細かつ的確である。特に、南原の信仰については、第 15 章の「二　南原繁の信仰」（405 − 408 頁）で簡潔な説明がなされている。「南原の生涯の活動の背後には、内村鑑三から受け継いだこのキリスト教信仰が常にあったと言える。価値並行論における宗教の役割が、彼の生涯において実践されたと言える」（408 頁）。

　なお、南原繁研究は現在、南原繁研究会を中心に一定の広がりを見せており、南原研究における多様な問題設定については、同研究会編の諸研究論集が参照できる。
(3) 南原は政治思想においても体系的な哲学者（体系的政治哲学の構築）というよりも、思想史家（政治思想史・政治学史）として理解すべきと思われる。長年東京大学で講義した「政治学史」をもとにした『政治理論史』（1962 年。『南原繁著作集第四巻』）は南原の代表的著作であり、『国家と宗教』の延長線上に位置している。
(4) この類型論が普及するに際しては、マシュー・アーノルドの影響があったと言われるが（水垣渉「ヘブライズム・ヘレニズム・キリスト教——比較研究の問題」、武藤一雄・平石善司編『キリスト教を学ぶ人のために』世界思想社、1985 年、24 頁）、トレルチの「ルネサンスと宗教改革」の比較論（『ルネサンスと宗教改革』岩波文庫、所収）はこの類型論に属するものであり、南原は『国家と宗教』において同様の議論を行っている。
(5) トレルチのカント主義に関しては、近藤勝彦『トレルチ研究　上』（教文館、1996 年、特に 68 − 142 頁）を参照。『国家と宗教』と補論において南原がトレルチを参照していることは、本章において指摘する通りであるが、それは特に初期キリスト教や形而上学の問題に関して明瞭である。なお、トレルチと思想的に関わりの深い波多野精一は、南原と同様のカント哲学理解（カントの批判哲学の意義とその宗教論への拡張）を展開しており、南原も『国家と宗教』の注で、波多野精一『宗教哲学』を挙げている（144）。また、南原が新カント学派の哲学に方法論のレベルで依拠していることは、ヨーロッパ精神史の方法についての短い記述からも確認できる（338 − 340）。
(6) 学問論論争におけるゲオルゲ学派とその背景については、佐藤真一『トレルチとその時代——ドイツ近代精神とキリスト教』（創文社、1997 年、310 − 331 頁）、小柳敦史『トレルチにおける歴史と共同体』（知泉書館、2015 年、111 − 127 頁）を参照。また、南原が問題にするゲオルゲ学派のプラトン研究者については、『国

家と宗教』第1章の注に具体的な名前と著書が示されている（62 − 63）。
(7) 価値並行論は、南原繁『フィヒテの政治哲学』（一九五九年、『南原繁著作集　第二巻』岩波書店）の「第一部　フィヒテ政治理論の哲学的基礎」「第四章　現代哲学の問題」（特に、「政治的価値の理論」、「文化価値の体系」、「フィヒテの意味」）において具体的に示されたものであり、「カントの価値哲学」（真・善・美の絶対的な諸価値の固有性とその「それぞれについて固有の先天的価値原理」の解明。同書、140頁）、「政治的価値への拡張」（「これら三者相互の間と同様、新たに得た政治的社会価値の正義を、ともに並列の関係におくこと」、すなわち「『価値並行』論の新たな体系の要求である」（147頁））、「宗教の位置づけ」（「およそ宗教は、一切の文化の価値を超越し、それ自体、超価値の世界にその境地を有する」など。156 − 157頁）の内容においてまとめられる。この価値並行論については、注1に挙げた近藤論文のほかに、その形成過程を分析した研究として、山口周三「南原繁の「価値並行論」とその今日的意義――特に宗教観に関して」（南原繁研究会編『無教会キリスト教と南原繁』EDITEX、2012年、151 − 166頁）が存在する。また、価値並行論と南原の国家論、宗教論を論じたものとして、加藤喜之「南原繁の宗教論――国家論の枠組みの中で」（現代キリスト教思想研究会『キリスト教思想と国家・政治論』2009年、27 − 42頁）も参照。
(8) 南原は、カントの「政治理論を取り扱ったものは比較的」少ないとしつつも、『国家と宗教』「第3章」の注6（228 − 229頁）で、カント研究の状況に言及している。南原の指摘するように、カント政治哲学の研究は現在も必ずしも多くはないが（Paul Guyer(ed.), *The Cambridge Companion to Kant*, Cambridge University Press, 1992, など参照）、無教会キリスト教の信仰を有するカント研究者による関連研究として、次のものが挙げられる。佐藤全弘『カント歴史哲学の研究』晃洋書房、1990年。
(9) 「神の国」は新約聖書学（特にイエスの宗教運動）における中心テーマであるが、南原の「神の国」理解は、同時代の研究に依拠するとともに、従来のパウロ研究に対するホースリーの批判が指摘する次の限界も共有している。「幾世代もの間、新約聖書研究を支配してきたパウロへのこのアプローチは、疑いもなく近代西欧的でありまたそれを特徴付ける前提、すなわち、パウロは宗教に関心をもっており、その宗教とは政治的経済的な生から分離されるだけでなく、もっぱら個人の信仰の事柄であるとの前提に基づいている。」（Richard A. Horsley(ed.), *Paul and the Roman Imperial Order*, Trinity Press International, 2004, p.1）
(10)「宗教的な理念から直接生じる絶対的な個人主義と普遍主義という社会学的二重性格」（E・トレルチ『古代キリスト教の社会教説』教文館、1999年、67頁）。

(11) 中世キリスト教への批判については、『国家と宗教』に対する田中耕太郎の書評「南原繁教授著『國家と宗教』(昭和十七年)」などを受けて、「ますます本書における以前の論証を支持し、あるものは一層強く表現し、あるものは一層詳しく説明」することが適当との判断によって書かれた「補論　カトリシズムとプロテスタンティズム」でより詳細が論じられている（特に、岩波文庫版の353－365頁）。
(12) 南原においては、「初期キリスト教」、「宗教改革」、「無教会」という三者の論述・理解の間に循環関係が存在している。したがって、南原のイエスあるいは初期キリスト教理解は、宗教改革的無教会的なイエス論と言ってもよいであろう。
(13) 南原がカント哲学に大きく依拠しつつ自らの政治哲学を構築しようとしている点は、本章で述べた通りであるが、しかし、南原がカント哲学の単なる反復にとどまっていないことは確認しておく必要があるだろう。特に、カントにおける国際政治秩序が「国際国家」ではなく「国際連合」にとどまった点について（「高次の一国家を構成するのを否定すべき理由はない」197頁）、民族国家主義の意義を念頭におけば「世界連邦国家」の理論的基礎づけはカント的な仕方では限界があることについて（「ひとり実践理性の法則とそれに根拠する政治理論をもっては、それを説明し尽すことは困難であろう」同頁）などと指摘し、その解明をめざすことを南原は忘れてはいない。また、カントの宗教論についても、「彼の宗教論はもっぱら道徳を基礎として成立するのであって、これが彼の道徳説を深化せしめた所以であると同時に、その宗教論に呑み能わない難点を残した所以でもあると思う」（167）と述べている。同様の議論は225頁などにも見られる。
(14) 矢内原のナチス論については、本書第四章を参照いただきたい。また、「国家と宗教」というテーマに関し、南原と矢内原の両者についての論考を含む研究として、柳父圀近『日本的プロテスタンティズムの政治思想――無教会における国家と宗教』（新教出版社、2016年）が存在する。なお、南原の「ナチス世界観と宗教」についての議論は、ティリッヒの「政治的ロマン主義」論（『ティリッヒ著作集　第一巻』白水社、所収）と比較することによって、その特徴と限界が明らかにできるように思われる。
(15) ヘーゲル的国家についての南原の議論は、同時代のティリッヒの「若きヘーゲルとドイツの運命（1932年）」（『ティリッヒ著作集　第十巻』白水社、所収）によって補強することが可能である。
(16) 初期キリスト教におけるキリスト教的な共産主義（愛の共産主義）は、トレルチが詳細に論じている問題であり（『古代キリスト教の社会教説』教文館）、また西欧の歴史哲学がキリスト教的歴史神学の世俗化というべきものであることは、レーヴィットらによって指摘されている（カール・レーヴィット『歴史の意味』未来

社、など)。
(17) 南原とカール・バルトとの関わりついては、注14で挙げた柳父圀近著（232－277頁）で詳細に論じられている。なお、南原とバルトが直面したナチズム的全体主義的思想動向は、世界的な広がりをもった生命主義との関連を視野に入れる必要があるものと思われる。日本においては大正生命主義などである（鈴木貞美編『大正生命主義と現代』河出書房新社、1995年）。
(18) 南原の言う「現代における『宗教復興』」については、わたしたちの現代の宗教状況（ウルリッヒ・ベックが『〈私〉だけの神――平和と暴力のはざまにある宗教』（岩波書店、2011年、31頁）で「二一世紀初頭に見られた宗教の回帰現象」と述べた動向）をも視野に入れた本格的な研究が必要である。
(19) 南原による戦前の田辺哲学批判は、南原研究では有名な問題であるが（宮田光雄『国家と宗教――ローマ書十三章解釈史＝影響史の研究』岩波書店、2010年、特に492頁の注11を参照）、戦前の田元哲学の問題は、氷見潔『田辺哲学研究――宗教哲学の観点から』（北樹出版、1990年）、高橋浩「田辺元の「種の論理」と超越――「懺悔道」への転換が指し示すもの」（『鹿児島女子大学研究紀要』Vol.11、No.1、1990年、195－207頁）など、田辺研究でも論じられている。
(20)『国家と宗教』に内在する日本批判を考えるとき、1942年の時代において、本書がどうして発売禁止を免れることができたか、疑問を感じざるを得ないところであるが、岩波文庫版所収の福田歓一「解説1」では、「論述があまりにも純粋にアカデミックであって、検閲当局の理解を越えた」、「著者が・・・無名であったことが幸した」との考えが示されている（445頁）。また、注2で挙げた山口周三著においても、『国家と宗教』の発禁問題が触れられている（175頁）。
(21) 南原が取り組んだ戦後教育改革については、山口周三『資料で読み解く南原繁と戦後教育改革』（東信堂、2009年）において詳しい論述がなされている。
(22) 本論文の「一　問題」で引用した論考において、近藤勝彦は、南原が「『新日本文化の創造』の場と担い手」として「もっぱら『教育』に期待」（518頁）し、「大学」を「真理と友愛によって結ばれた自由の人格の共同体」と考えた点について言及しつつ、これが「大学」に対する過剰な期待を生じ、「大学」に対する一種の幻想に陥ったと指摘している（519頁）。この指摘は、「南原の共同体論の問題性」にも関連している（522頁）。なお、南原の共同体論については、下畠知志『南原繁の共同体論』（論創社、2013年）が存在する。

むすび

東アジア・キリスト教研究の可能性

一　序

　東アジアのキリスト教は、キリスト教史の中でももっとも興味深い研究対象の一つである。というのも、東アジアのキリスト教は、その主要な歴史は近世・近代以降に属しつつも——古代に遡る歴史を有するが——、そこには、古代キリスト教が地中海世界で遭遇したのと同質の問題状況が存在するからである。それはキリスト教世界の内部におけるキリスト教の諸動向ではなく、基本的にキリスト教とは異なる宗教文化的伝統との本格的な交渉に伴う問題状況である。さらに、東アジアのキリスト教においては、キリスト教宣教が西欧列強のアジア侵略と連動して展開することによって、近代以降のキリスト教を規定する枠組み——近代国民国家の内部での「政治と宗教」、そして西欧近代のコロニアリズム——が集約的に現れている。しかも、こうした問題状況が、中国と韓国と日本において、それぞれ異なる仕方で現実化しているのである。

　このような東アジアのキリスト教を分析するための方法論的モデルとして、論者は以前、「地平モデル」を提案したことがあった[1]。それは、「東アジアのキリスト教」における「の」を、東アジアとキリスト教という二つの地平の「融合」と、そこにおける新しい地平（＝東アジアのキリスト教）の生成としてモデル化する試みである。この新しい地平の内部には、「地平内部での諸動向の相互作用」が書き込まれ、「重層性」構造が形成されることになる（芦名、2016、28）。この地平モデルをさらに精密化する上で参照できるのが、東アジアのキリスト教に対する「比較論」と「交流史」（「関係史」）という二つのアプローチである。

　まず比較論は、交流史と対比するならば、比較されるべき対象についてそ

れらを構成する諸要素の類似性と差異性に基づいて比較を行うところに特徴がある——比較論はしばしば類型論を帰結する——[2]。この諸要素から構造体（対象）が構成されることからわかるように、比較論は構造論を前提とする。それと対比するならば、交流論あるいは関係論は対象を歴史的プロセスとして記述する点で、過程論を前提としており、比較論とは対照的と言える[3]。しかし、これら二つの視点は、単に対照的なだけでなく、地平モデルの中で次のような循環性において関連づけられねばならない。すなわち、一方で比較・構造から交流を解釈し評価し（比較から交流へ）、他方で交流から比較・構造の生成を説明する（交流から比較へ）という循環的な関係性であり、この動的な循環構造こそが地平モデルの具体的な一面なのである。

　本章では、以上の方法論的な見取り図を念頭におきつつ、次のように議論が進められる。まず第二節では、東アジア・キリスト教に関する先行研究を参照することによって、研究の現状を確認する。続く第三節では、この現状を前提に、今後の研究の展望と課題を論じ、第四節では、若干の補足的議論を行うことによって、本章の締めくくりとしたい。

二　東アジア・キリスト教研究の広がり

　東アジア・キリスト教に関しては、これまで多様な問題連関において、また多様な視点から研究が行われてきた。ここでは、東アジア・キリスト教についての交流史という観点から参照すべきいくつかの研究を取り上げ、キリスト教史における東アジア・キリスト教の位置づけについても考察を行いたい。

　東アジアをめぐるキリスト教の交流としてまず思い浮かべられるのは、キリシタンの事例であろう。キリシタンは、16世紀のヨーロッパと東アジアとの交流が生み出したキリスト教であり、キリシタン研究は、この歴史的連関（交流）を研究対象とすることになる。たとえば、それは、ヒロ・ヒライ、小澤実編『知のミクロコスモス——中世・ルネサンスのインテレクチュアル・ヒストリー』において、第一部から第三部までが、中世後期から16世紀に

かけてのヨーロッパの知的世界を扱っているのに対して、いわばそれらと対応する仕方で、キリシタンを扱った第四部が続いている点に確認できる[4]。第四部に収録された二つの論考は、ヨーロッパと日本キリシタンとの知的交流を扱っており、この交流の背後には、個人と共同体によって担われた歴史的交流が存在している。これに関連して、佐藤吉昭は、『キリスト教における殉教研究』において、古代キリスト教の殉教の歴史のなかに日本キリシタンの殉教を位置づけることを試みている。この「日本キリシタンから古代殉教教会への遡上」を可能にしているのが、16世紀のヨーロッパと日本との次のような歴史的交流なのである[5]。

「一五八二年にスペインで初版が発刊された、……大著『使徒信条概説』(Introducción del Símbolo de la Fe) が早くも一五九一年、九州、加津佐で刊行された『サントスの御作業』に部分訳として取入れられ、一五九二年、天草で刊行された『ヒイデスの導師』は、一五八五年にルイスが加筆した第五部の抄訳である。この翻訳スピードは現在とほとんど変わらない。つまり、日本のキリシタンの神学、倫理思想は一六世紀の西欧と共時的（synchronic）状況にあった。」（佐藤、2004、37）

歴史的交流が生み出したこの共時的状況は、日本において、「殉教教育に関しても、直接伝授するのみならず、文書を通じて徹底すること」を可能にし、キリシタンにおける殉教思想を支えたのである。この殉教思想が「日本においては事実上の殉教勧告となり、そのまま古代キリスト教の殉教史の引き継ぎとその再現」（同書、38）となったという事情は、キリシタン殉教を理解する上で重要な論点になるものと思われる[6]。

また、この歴史的交流は、ヨーロッパから日本への一方向的なものではなく、双方向的なものであった。「日本キリシタンの迫害、殉教ニュースはただちに西欧に報告され、事実の粉飾も伴った書物、絵画、演劇などを通じて、今度は、西欧のキリスト教徒たちがこれらを通じて、日本での迫害、受難、殉教の追体験を自らに加えた」（同書、38）。米井力也の言葉を借りるならば、

次のようになる。「ヨーロッパでも日本の殉教者の姿が鮮烈に受けとめられた。日本をめざす宣教師はあとをたつことがない。時間と空間を越えて、殉教の連鎖は容易には断ち切られなかった。イエスの死という『新約の悲劇』は殉教によって反復され、殉教者があたかも眼前に見えるかのような文体で叙述されることによって、過去は現在を貫いたのである」（米井力也『キリシタンの文学——殉教をうながす声』平凡社、1998年、273-274頁）[7]。

こうして東アジア・キリスト教は交流史と言うにふさわしい実質をもって始まったが、その後の東アジア・キリスト教史にもさまざまな交流を確認することができる。たとえば、一色哲は、南島キリスト教史を構想する中で、南島（奄美・沖縄・宮古・八重山）を中心としたキリスト教の交流史を描いている。この構想は、次のように説明されている[8]。

「南島キリスト教史を日本（本土）キリスト教史、あるいは、教派・教団史と対置するだけではなく、東アジアのキリスト教史やハワイ、南洋群島、米国本土のそれとの関係でとらえて、そのなかで人びとのあいだにどのような信仰が育まれていったかについて、考えてゆきたいと思う。」（2014.11。41頁）
「また、『伝えられた側』、つまり、沖縄のキリスト教受容層についても、『交流史』的視点から再考したいと考えている。このころの沖縄人たちは、日本へ、植民地へ、そして、海外へ越境し、そこに自己実現と生活の場を求めた。こうして、沖縄人たちがキリスト教に接触する場は、南島から、東アジア、さらに、環太平洋一円へと拡大していった。」（2015.4。56頁）

しかし、ここで注意する必要があるのは、交流史あるいは関係史は、空間的に隔たった諸地域を関連付けるだけでなく、同時に、これらに諸地域の独自性・自律性を形成するということである。

「喜界島と石垣島は、南島伝道圏における『周縁』地域にあたる。とこ

ろで、そもそも、南島のキリスト教伝道圏は日本のキリスト教伝道圏の『周縁』なのであろうか。また、日本の伝道圏は、欧米の伝道圏の極東における『周縁』と見られてきた。そうすると、『周縁』は、単に『中央』から遅れており、『中央』により教化されるだけではないだろう。……南島伝道圏の『周縁性』を考えることは、南島伝道圏の日本伝道圏からの自律性を検証し、そこから独自性を導き出すことにつながってくる。」（2016.2。60頁）

　交流がもたらす関連性と自律性という相互に結び付いた二つの要素を、一方を他方に還元することなく適切に描くことが──グローバル化と多元化との関係も同様の構造になる──、交流史研究の課題となる。地平モデルは、このような仕方で具体化されるべきなのである。ともかくも、南島が、東アジア諸地域の交流の要と言える地理的な位置を占めており、この地域のキリスト教の歴史を掘り起こす作業が東アジア・キリスト教の交流史にとって重要な意味をもつことを、銘記したい。

　本節の最後に、以上の東アジア・キリスト教の交流史を、キリスト教史の中に位置づけることに関して、大木英夫の議論を参照しておこう。大木は、『日本の神学』に所収の「環太平洋地域のプロテスタンティズム」において、東アジア・キリスト教──大木は「東北アジアのプロテスタンティズム」として表現しているが──を論じるためには、形態論（モルフォロギー）では十分ではなく、「エコロジカルな視野」を必要とすると主張する。ここでのエコロジーあるいは生態学とは、現代の「エコロジーの神学」の場合のような環境危機という問題連関を強く意識したものというよりも、「有機体と環境」という視点から生物と環境との相互連関を問う一つの自然科学的な学問分野を意味している。ホワイトヘッドのプロセス哲学が有機体の哲学と呼ばれるのと同様である[9]。

　「生態学の視野には二つの焦点がある。ひとつは有機体、他は環境である。東北アジアにおけるプロテスタンティズムを見る場合、われわれは

一方で歴史的運動の主体に目を向け、他方同時にそれが置かれた状況を
　　見なければならない。」(大木、1989、277)

　大木の言うように生態学的方法を東アジア・キリスト教に適用するならば、
それはキリスト教という歴史的運動の主体をその環境(歴史的状況)として
の東アジアとの関係で論じることとまとめられるであろう。そして、この観
点からすれば、交流史的研究とは、東アジアという状況を共有しつつその内
部で相互に交流する主体として、諸キリスト教(個人／共同体によって形成
されたネットワーク)の動向の解明をめざす研究ということになる。もちろ
ん、この場合の東アジアは静的な領域ではなく、それ自体その中で交流し合
う諸主体によって形成され、動的に変動する環境と考えられねばならない。
　大木は、東アジアを含む環太平洋地域とそこで交流するキリスト教を、キ
リスト教史のなかに位置づけることについて、次のようにその意義を論じて
いる。

　　「生態学的な見方をもって教会史をみなおせば、環地中海地域の時代、環
　　大西洋地域の時代、そして環太平洋地域の時代と区分されるであろう。
　　そこには中心の移動があり、問題領域の拡大がある。しかし、環太平洋
　　地域の時代は最後決定的であり、そしてそこにはいっていくプロテスタ
　　ンティズムは、明確な主体性の自覚と状況の展望をもつことが必要であ
　　ると思う。」(同書、281)

　大木は、現代の環太平洋地域のキリスト教に問われているのは、キリスト
教の存在理由の問題であると指摘しているが(同書、282)、東アジア・キリ
スト教に問われているのは、まさに東アジアにおいて「何故キリスト教なの
か」の問いなのである――本章冒頭で述べた「基本的にキリスト教とは異な
る宗教文化的伝統との本格的な交渉に伴う問題状況」は、この問いに関わる
――。この問いは、本章の範囲を大きく超えるものであるが[10]、本節の議論
を通して、それに答えるための前提の一つである、東アジア・キリスト教の

「地平モデル」をより具体的に描くことができたものと思われる。

三　東アジア・キリスト教研究の展望

　前節では、東アジア・キリスト教の地平モデルを具体化する上で参照されるべきいくつかの先行研究を取り上げたが、本節では、今後の研究を展望することを試みたい。

　東アジアで相互交流する主体の動向を交流史として捉える場合にまず問題となるのは、相互交流において生成するネットワークについて、どのような担い手（ネットワークの結節点となる主体）に焦点を当てるのかということである。たとえば、交流のネットワークについては、東アジア以外の地域からキリスト教宣教のために到来した宣教師や、東アジアに生まれ活動した個々のキリスト教者（留学生など）といった個人から、教派・教団やキリスト教関係団体（ＹＭＣＡなど）といった共同体まで[11]、多様な担い手が存在している。そのいずれを研究対象として選択するかで、研究の在り方は大きく異なることになる。しかしどのような選択をなすにせよ、東アジア・キリスト教の交流ネットワークについては、日本における従来のキリスト教研究では十分な展開がなされてこなかった方法論の構築が求められることは疑いないであろう。というのも、日本におけるキリスト教研究は、日本や東アジアを直接対象とする研究は別にして、これまでは、現代日本とは時代も地域も異なった対象を研究することが多く、その研究方法は一次資料と二次資料のいずれにおいても、文献資料に基づく研究とならざるを得なかったからである。特に、思想研究はそうであった。しかし、近代以降の東アジアのキリスト教を対象とする場合には、文献資料を用いること自体は当然であるとしても、しかし、同時にフィールド調査を行うことがきわめて自然な選択となる。さらに言えば、近代以降の東アジア・キリスト教の研究は、文献研究とフィールド調査を組み合わせる点を特徴とすべきであろう。たとえば、歴史的交流の実情や詳細を知るには文献資料だけでは限界がある。特に二次的な研究文献は、交流についてのその研究者の関心や解釈によってさまざまに制約されて

いる。交流がもつ意味やより厳密な実態を明らかにするには、フィールド調査によって補足することが有益であり、フィールド調査が研究の方向付けに対して示唆を与えることも少なくない。したがって、今後の東アジア・キリスト教研究を展望する際に、重要な課題とされるべきは、文献研究とフィールド調査との関連付けをめぐるキリスト教研究として適切な方法論を構築することなのである。

　この方法論をめぐる本格的な議論は、具体的な研究事例に即して行う必要があるが、ここでは、論者自身の若干の経験に基づき[12]、また隣接研究分野の事例を参照しつついくつかのポイントを指摘してみたい[13]。

　フィールド調査を行うには、多くの場合、まず予備調査からスタートする。予定された調査地を実際に訪問することも含め、予備調査においては、文献資料やWebにより入手可能なデータを事前に収集・分析することが行われる。こうした予備調査に基づいて、インタビューやアンケートなどの調査方法を含めた、具体的な調査計画（本調査）が立案されるのである。この一連のプロセスにおいては、データの収集・保存・分析をいかに行うのかという点についての方法論が問題になるが、そのためには、フィールド調査理論を参照することを含めて[14]、調査テーマ——論者の過去のフィールド調査の場合は、「死者儀礼と家族の変容」「キリスト教と公共性との関連」「キリスト教会における環境問題への取り組み」などのテーマ設定を行った——についての理論的検討が必要になる。そのために参照されるのは文献研究であり[15]、文献研究とフィールド調査は一体のものとして理解されねばならない。

　以下、実例に即して議論を進めよう。たとえば、飯田剛史は、『在日コリアンの宗教と祭り——民族と宗教の社会学』（世界思想社、2002年）において、「在日コリアン」の宗教調査（生駒山地の朝鮮寺とその変貌、十王祭、在日巫俗寺院の開創儀礼、儒教祖先祭祀と建墓、在日大韓基督教会でのインタビューなど）に基づく、実証的な研究成果を提出している。飯田は、祭りや儀礼への参与観察のほかにアンケート調査を行っている。本書には補録としてアンケートの集計報告が掲載されており、調査に際してどのような設問によるアンケートが実施されたのかを、その結果と共に知ることができる。し

かし、本書において注目すべきは、フィールド調査に基づく実証的研究が、在日社会の構造と変動についての公的データ（法務省『在留外国人統計』などの諸資料の利用）を参照してなされていること、またこの社会構造と変動の分析が社会学における「構造―機能分析」（パーソンズの四機能分析）から「自己組織化論」（ルーマンから今田高俊へ）への理論展開を踏まえたモデル形成に依拠してなされていること（序章）である。こうした理論と調査との関連づけは、フィールド調査を行う場合の基本的な手続きに属している。たとえば、東アジア・キリスト教における死者儀礼についてフィールド調査を行う場合には、飯田においてなされた手続きに、さらに宗教一般あるいはキリスト教における死者儀礼をめぐる歴史的思想的な分析を結びつけることが必要になるだろう[16]。

これに対して、鵜飼秀徳は、『寺院消滅――失われる「地方」と「宗教」』（日経ＢＰ社、2015年）、『無葬社会――彷徨う遺体、変わる仏教』（日経ＢＰ社、2016年）において、現代日本における仏教の変動・変容を分析している。そこで行われている分析に説得性を与えているのは、「仏教教団の調査報告」（『寺院消滅』四章）や「資料編」（『無葬社会』）にまとめられた基礎的データである。こうした基礎的データの収集・分析は、フィールド調査における予備調査の段階から積みあげられるべきであろう。それと共に、注目したいのは、『無葬社会』の第四章に収録された、佐々木閑氏に対して著者が行ったインタビュー「仏教存在の意義――佐々木閑氏に聞く」である。『無葬社会』では、「多死（大量死）時代の到来と葬送の変化」という現代日本の現実が正面から取り上げられているが、この現実の背後にある、日本の宗教、特に仏教の問題とその乗り越える道（仏教の存在意義）が、インタビューを通して次のように示される。

「今から日本仏教に律やサンガをつくることは不可能です。」
「今の日本で仏教教団が何をすべきか。釈迦の仏教が絶望した人を引き受ける受け皿だったとすれば、日本仏教も同じように絶望した人を救わねばならないということです。私が考える理想の一例は、自殺防止のため

の様々な働きかけを仏教教団がすることです。ホスピス活動をするのも立派なことだと思っています。」(鵜飼、2016、243)
「『サンガに入りなさい』とは、サンガのない日本では言えませんが、とにかくあの寺に行けばいつでも必ず相手にしてくれて、そして自分のいろいろな苦労を十分に分かち合ってくれるという、そういう存在であるならば寺には意味がありますね。要は、その寺がどのくらい他人の人生を引き受けてくれるか、その度合いがその寺の価値になってくるということです。」(同書、259)

　フィールド調査(質的社会調査)では、インタビューが重要な調査方法となるが、社会の質的分析にとってだけでなく、そこから顕わになってくる課題に対して考察を加える上でもインタビューという手法が重要な意味を有することを、以上のインタビュー報告から確認できるように思われる。
　フィール調査と文献調査との関連付けの意義については、以上の議論からも明らかと思われるが、次に、フィールド調査の目的についても述べておきたい。もちろん、フィールド調査の目的はさまざまであるが、東アジア・キリスト教との関わりで特に強調したいのは、フィールド調査によって資料を発掘し、それが消滅する前に収集・保存することである。近代以降の東アジア・キリスト教を今後研究する際に基礎資料となるべきものが、現在急速に失われつつあり、それを収集保存することは喫緊の課題と言わねばならない。東アジア・キリスト教研究は、まさに東アジアの研究者こそが行うべき研究テーマであって、その基盤となるべき、重要な基礎資料が消滅しつつあることは憂慮すべき事態である。もちろん、将来的に消滅を免れて保存される資料によってもそれなりに精密な研究は可能かもしれない。しかし、現在であれば、まだ保存できるかもしれない資料が消滅してしまうことは、研究にとって大きな損失であり、研究の内実・水準に関わる問題となることは容易に想像可能であろう。
　ここで、2015年10月24日付の朝日デジタルに、「長崎のかくれキリシタン信仰、存続危機　人口減・高齢化」というタイトルで掲載された記事よ

り、その一部を引用してみよう。

　「長崎県平戸市の生月島で今月、かくれキリシタンの信者組織「垣内（かきうち）」が一つ、解散した。禁教をくぐり抜け、450年伝えられた信仰は、地域の人口減少と高齢化で風前のともしびだ。
……
　16人は上川（かみがわ）垣内に所属するかくれキリシタンの信者たち。この日、解散する垣内が守ってきた信仰用具を博物館に寄贈しに来た。……」

　この場合は、信仰用具は博物館に寄贈されたわけであるが、しかし、かくれキリシタンに限らず、貴重な資料の喪失は、実に多様な領域において進行中である。たとえば、キリスト教思想との関わりで、貴重な資料の一つは、先の太平洋戦争の過程における、日本キリスト教についての資料、特に体験者の記憶である。なぜ、どのようにして教会は戦争協力の流れに巻き込まれることになったのか、それは信者によってどのように了解されたのか。こうした点について証言できる人が急速に減少する中で、証言の記録・記憶を保存することは、日本キリスト教のフィールド調査の重要な目的とされねばならない。東アジア・キリスト教研究に求められているのは、こうした一次資料の収集・保存に即応した研究態勢の整備なのである。

四　結

　これまで論じてきた東アジア・キリスト教研究の可能性に関連して、いくつかの補足を行うことによって、本章を終わりたい。
　さきに、東アジア・キリスト教研究が、相互交流を通して東アジア・キリスト教に生成した個人や共同体の繋がり・ネットワークを研究対象とすることについて論じたが、このような研究は、単独の研究者によってカバーできるものではなく、共同研究という形態を取ることが必要になる。つまり、求

められるのは、ネットワーク的に存在する研究対象に応じた、研究者のネットワークの構築なのである。前節で見たフィールド調査については、この研究者ネットワークの形成という観点からも重要な役割を担うことが期待される——ネットワークということであれば、Web上のネットワークも有益かもしれないが——。

　研究者ネットワークは、研究者が相互交流を行うという点だけでも意味があると言えるが、しかしその際に、留意すべきは、この研究者の交流を何らの仕方で形に残すことである。論者も、これまで、さまざまな研究者の交流を経験してきたが、交流が研究集会や国際学会として有意義な内容において実施されたとしても、その成果が形にならない場合、それが研究者の継続的なネットワークの形成に至るのは困難である。それに対して、交流を論集として残すことができれば——論集の作成は手間と予算が必要であるが——、それを手がかりに交流が広がり、そこからネットワークが成立することが期待できる[17]。日本、中国、韓国といった諸地域間の交流については、他の諸地域の研究成果を相互に翻訳し合うことなどの工夫を行うことによって、内実を伴ったネットワークを地域内に、そして地域を越えて形成することが必要なのではないだろうか。

　東アジア・キリスト教研究には今後取り組まれるべき多くの課題が存在しているが、それらに取り組むことを通して、実りある研究が十分に展望できるように思われる。

参考文献

　　本論文では、以下の文献については、(著者、刊行年、頁)の形式で引用される。
　1．芦名定道『近代日本のキリスト教思想の可能性——二つの地平が交わるところにて』三恵社、2016年。
　2．佐藤吉昭『キリスト教における殉教研究』創文社、2004年。
　3．大木英夫「環太平洋地域のプロテスタンティズム」(古屋安雄・大木英夫『日本の神学』ヨルダン社、1989年、271-282頁)。
　4．鵜飼秀徳『無葬社会——彷徨う遺体、変わる仏教』日経ＢＰ社、2016年。

注

(1) 芦名定道『近代日本のキリスト教思想の可能性——二つの地平が交わるところにて』三恵社、2016年。
(2) 比較研究は、現代宗教学が比較宗教という方法論的基礎を有していることからわかるように、宗教研究にとってきわめて重要な位置を占めている。「比較」という方法論については記号論あるいは意味論という視点からの理論的な掘りさげが必要であるが——記号体系（言語の語彙体系、象徴体系）内における他の諸記号（諸言語、諸象徴）との関係性（差異と類似）における構造分析と、記号体系の生成過程の分析という二つの軸——、本論文では、交流史との対比のために、比較論については、構造分析との関わりにしぼって説明を行った。なお、比較思想という観点からの思想研究として、次の文献を参照。
　　1．中村元　『比較思想論』岩波全書、1960年（2005年）。
　　2．中村元監修、峰島旭雄責任編集『講座　比較思想——転換期の人間と思想』北樹出版、1993年。
(3) 本章において「交流史」を考える際に念頭に置かれているは、2013年から始まった「東アジアキリスト教交流史研究会」であるが、同様の問題意識や方法論は、さまざまな仕方において存在している。たとえば、徐正敏は「関係史」という表現を用いているが（『日韓キリスト教関係史研究』日本キリスト教団出版局、2009年。『日韓キリスト教関係史論選』かんよう出版、2013年）、この「関係史」という用語は、次の文献からわかるように一定程度定着しつつあるように思われる。
　　1．『日台関係史　1945-2008』東京大学出版会、2009年。
　　2．『日本中国関係史　1972-2012』（全四巻）東京大学出版会、2012-14年。
　　3．『日韓関係史　1965-2015』（全三巻）東京大学出版会、2015年。
また、2006年から継続されている、日中韓神学フォーラムも、交流史あるいは関係史という視点を共有している（芦名定道「東アジアのキリスト教研究とその課題」、日本基督教学会『日本の神学』53、2014年、172-177頁、を参照）。さらに、視野を広げれば、関連した諸研究として次のものが挙げられるであろう。
　　4．富坂キリスト教センター編『鼓動する東アジアのキリスト教——宣教と神学の展望』新教出版社、2001年。
　　5．柳炳徳・安丸良夫・鄭鎮弘・島薗進編『宗教から東アジアの近代を問う——日韓の対話を通して』ぺりかん社、2002年。

6．芦名定道ほか『比較宗教学への招待――東アジアの視点から』晃洋書房、2006 年。
7．芦名定道編『多元的世界における寛容と公共性――東アジアの視点から』晃洋書房、2007 年。
8．武内房司編『越境する近代東アジアの民衆宗教――中国・台湾・香港・ベトナム、そして日本』明石書店、2011 年。
9．李元範・櫻井義秀編『越境する日韓宗教文化――韓国の日系新宗教　日本の韓流キリスト教』北海道大学出版会、2011 年。
10．三木英・櫻井義秀『日本に生きる移民たちの宗教生活――ニューカマーのもたらす宗教多元化』ミネルヴァ書房、2012 年。

(4) ヒロ・ヒライ、小澤実編『知のミクロコスモス――中世・ルネサンスのインテレクチュアル・ヒストリー』中央公論新社、2014 年。

Ⅰ　学問の伝統と革新（中世後期の説教における聖書の引用、ルネサンスの黄昏における伝統の変容、ゴート・ルネサンスとルーン学、といったテーマについての論考が収録されている。）

Ⅱ　神と自然、そして怪物（キリストのプロフィール肖像、ルネサンスにおける架空種族と怪物、といったテーマについての論考が収録されている。）

Ⅲ　生命と物質（16 世紀のスコラ学とスカリゲルの改革、西欧ルネサンス期における医学論争、フランシス・ベイコンの初期手稿にみる生と死の概念、といったテーマについての論考が収録されている。）

Ⅳ　西洋と日本――キリシタンの世紀
折井善果「「アニマ」（霊魂）論の日本到着――キリシタン時代という触媒のなかへ」
平岡隆二「イエズス会とキリシタンにおける天国（パライソ）の場所」

(5) 佐藤吉昭『キリスト教における殉教研究』（創文社、2004 年）では、主に古代キリスト教史における殉教思想（テルトリアヌス、キプリアヌス、特に「第Ⅳ部　アンティオキアのイグナティオスにおける殉教思想」など）が取り上げられているが、その「第Ⅰ部　殉教とは何か」の第二章において「日本キリシタンにおける殉教思想」が論じられている。

(6) 殉教教育を含む、キリシタンの社会・教育活動については、狭間芳樹「近世における民衆と宗教――キリシタンと一向宗」（芦名定道ほか『比較宗教学への招待――東アジアの視点から』晃洋書房、2006 年、63-87 頁）を参照。

(7) 宗教改革後のヨーロッパにおいて、日本キリシタンと同時期に、多くの殉教者が現れたことについては、再洗礼派を扱った次の文献を参照。永本哲也・猪刈由紀・

早川朝子・山本大丙編『旅する教会——再洗礼派と宗教改革』新教出版社、2017年。

(8) 一色哲「南島キリスト教史入門——奄美・沖縄・宮古・八重山の近代とキリスト教」。これは、『福音と世界』（新教出版社）に、2014年11月から2016年11月まで、25回にわたって連載されたものである。引用は、（『福音と世界』の年と月。頁）の形式で行われる。なお、この連載は、『南島キリスト教史入門—— 奄美・沖縄・宮古・八重山の近代と福音主義信仰の交流と越境』（新教出版社、2018年6月）として刊行されたが、本章の執筆では、参照できなかった。

(9) ホワイトヘッドの「有機体の哲学」については、田中裕『ホワイトヘッド——有機体の哲学』講談社、1998年、を参照。

(10) 大木は「『なぜキリスト教か』、これが、日本において、そして二十一世紀の世界において、神学が取り組まねばならない問い」であると論じているが（大木英夫『組織神学序説——プロレゴーメナとしての聖書論』教文館、2003年、21頁）、この問いについては、古屋安雄編『なぜキリスト教か』（中川秀恭先生八十五歳記念論文集。創文社、1993年）に所収の諸論考も参照。

(11) ＹＭＣＡやＹＷＣＡが東アジアにおけるキリスト教のネットワークの中で重要な位置を占めていることについては、間接的な仕方ではあるが、次の文献をご覧いただきたい。
　１．石川照子「中国ＹＷＣＡ（女青年会）の日本観——雑誌『女青年』に日本関連記事の考察」（歴史学研究会編『性と権力関係の歴史』青木書店、2004年、25-34頁）。
　２．遠藤浩「戦時下の日本ＹＭＣＡ『大陸事業』の評価について——1960〜70年代の言説を中心に」（現代キリスト教思想研究会『アジア・キリスト教・多元性』第13号、2015年、19-34頁）。

(12) 論者自身のフィールド調査については、芦名定道『東アジア・キリスト教の現在』（三恵社、2018年）の第二章と第三章を参照。

(13) こうした研究事例については、宗教学や文化人類学の研究分野において、多くの実例を挙げることができる——注15で挙げた諸研究もその一端である——。こうした問題意識については、次の文献も参照。
　　Christian Scharen , Aana Marie Vigen (eds.), *Ethnography as Christian Theology and Ethics*, Continuum, 2011.

(14) 社会調査の基礎については、次の教科書的文献からその概要を知ることができる。特に、参与観察、アンケート、インタビュー、ドキュメントを用いた質的社会調査は、宗教研究にとっても重要な手法となる。

1．宝月誠ほか著『社会調査』有斐閣、1989 年。
2．岸政彦ほか著『質的社会調査の方法——他者の合理性の理解社会学』有斐閣、2016 年。
3．前田卓也ほか編『最強の社会調査入門——これから質的調査をはじめる人のために』ナカニシヤ出版、2016 年。

また日本キリスト教を対象としたフィールド調査における予備調査などのために参照すべき、宗教事象に関わる公的データについては、石井研士『データブック現代日本人の宗教　増補改訂版』（新曜社、2007 年）を参照。また、アンケートやインタビューなどのデータに基づく、現代日本のキリスト教についての研究としては、次のものが存在する。

4．山下勝弘『超高齢社会とキリス教会——特に障害者・高齢者と共存する教会形成を考える』キリスト新聞社、1997 年。
5．岩村信二・森岡清美『教会教育による教会形成——大森めぐみ教会の場合』新教出版社、1995 年。

(15) たとえば、岩谷彩子『夢とミメーシスの人類学——インドを生き抜く商業移動民ヴァギリ』（明石書店、2009 年）では、移動民ヴァギリについてのフィールド調査と「ミメーシスとしての夢」をめぐる哲学的また人類学的な理論研究とが結びつけられることによって、説得的な分析が行われている。同様のフィールド調査と理論との関連づけの重要性については、長谷川千代子『文化の政治と生活の詩学——中国雲南省徳宏タイ族の日常的実践』（風響社、2007 年）、浅川泰宏『巡礼の文化人類学的研究——四国遍路の接待文化』（古今書院、2008 年）などの諸研究からも確認できる。

(16) 死者儀礼に関わる最近の研究論集として、次のものが挙げられる。
1．山田慎也編『現代日本の死と葬儀——葬祭業の展開と死生観の変容』東京大学出版会、2007 年。
2．近藤剛編『現代の死と葬りを考える——学際的アプローチ』ミネルヴァ書房、2014 年。
3．国立歴史民俗博物館、山田慎也、鈴木岩弓編『変容する死の文化——現代東アジアの葬送と墓制』東京大学出版会、2014 年。

(17) 2002 年から現在まで共同研究を行っている、「アジア・キリスト教・多元性」研究会（https://sites.google.com/site/asiachristianity/）が、ジャーナル『アジア・キリスト教・多元性』を刊行し、研究者の交流を図ってきていることは、この実例と言える。

文献表

文献１：無教会キリスト教関係

１．内村鑑三

内村鑑三「無教会論」1901 年（『内村鑑三全集９』岩波書店、1981 年、71-73 頁）。

内村鑑三『非戦論』（内村鑑三選集２、岩波書店、1990 年）。

　「無抵抗主義の根拠」1907 年（M40）

　「非戦論の原理」1908 年（M41）

　「教会と戦争」1915 年（T4）

　「教会と戦争」1917 年（T6）

　「世界の平和は如何にして来る乎」1911 年（M43）

　「戦争の止む時」1915 年（T4）

　「聯盟と暗黒」1919 年（T8）

　「世界の平和は如何にして来る乎」1918 年（T7）

　「今年のクリスマス」1905 年（M38）

　「偉人の戦争観」1914 年（T3）

内村鑑三『世界のなかの日本』（内村鑑三選集４、岩波書店、1990 年）。

　「美はしき名二つ」1901 年（M34）

　「日本」1901 年（M34）

　「日本国と基督」1901 年（M34）

　「我が理想の日本」1901 年（M34）

　「日本的基督教」1920 年（T9）

　「日本国の天職」1892 年（M25）

　「日蓮上人を論ず」1894 年（M27）

　「我が信仰の祖先」1915 年（T4）

２．塚本虎二

塚本虎二「附箋的無教会論」1930 年（『内村鑑三先生と私』伊藤節書房、1961 年、20-27 頁）。

塚本虎二『私の無教会主義』伊藤節書房、1962 年。

3．矢内原忠雄

矢内原忠雄『国家の理想——政治評論集』岩波書店、1982 年。
　「基督教的日本」1935 年
　「イエスの無抵抗主義」1936 年
　「民族精神と日支交渉——其の意義と内容の歴史的様相——」1936 年
　「復活の教義について」1937 年
　「再臨の教義について」1937 年
　「民族と伝統」1937 年
　「ナチス協定と自由」1937 年
　「民族と伝統」1937 年
　「自由と統制」1938 年
　「パルーシヤ論」1944 年
矢内原忠雄『民族と平和』岩波書店、1982 年。
　「民族主義の復興」1933 年
　「基督教に於ける平和の理想」1935 年
　「大学と軍事科学」1960 年
矢内原忠雄『現代社会とキリスト教』岩波書店、1982 年。
　「相対的平和論と絶対的平和論」1947 年、1951 年
　「原子力時代の平和」1957 年
　「原子力時代の宗教」1957 年
　「原子力時代の宗教 [手塚縫蔵先生三周年記念講演]」1957 年
　「原子力時代の思想」1957 年
　「原子力時代の教育」1958 年
　「科学と道徳」1960 年
　「宇宙と人間」1961 年
若林正丈編『矢内原忠雄「帝国主義下の台湾」精読』岩波現代文庫、2001 年。

4．南原繁

南原繁『国家と宗教——ヨーロッパ精神史』(1942 年) 岩波文庫、2014 年。
南原繁『フィヒテの政治哲学』1959 年 (『南原繁著作集　第二巻』岩波書店)。
南原繁『政治理論史』1962 年 (『南原繁著作集　第四巻』岩波書店)。

文献2：日本語（編著・叢書）

『日台関係史　1945-2008』東京大学出版会、2009 年。
『日本中国関係史　1972-2012』（全四巻）東京大学出版会、2012-14 年。
『日韓関係史　1965-2015』（全三巻）東京大学出版会、2015 年。
『岩波講座　政治哲学』（全六巻）岩波書店、2014 年。
無教会史研究会編『無教会史Ⅲ別冊　対論——教会と無教会』新教出版社、1995 年。
富坂キリスト教センター編『鼓動する東アジアのキリスト教——宣教と神学の展望』新教出版社、2001 年。
関西学院大学・キリスト教と文化研究センター編『キリスト教平和学事典』教文館、2009 年。
国立歴史民俗博物館、山田慎也、鈴木岩弓編『変容する死の文化——現代東アジアの葬送と墓制』東京大学出版会、2014 年。

文献3：日本語文献（著者名など５０音順）

赤江達也『「紙上の教会」と日本近代——無教会キリスト教の歴史社会学』岩波書店、2013 年。
赤江達也『矢内原忠雄——戦争と知識人の使命』岩波新書、2017 年。
芦名定道「Ｐ．ティリッヒのプロテスタンティズム論の問題」（日本基督教学会『日本の神学』第 25 号、1986 年、43-71 頁）。芦名定道『ティリッヒと現代宗教論』北樹出版、1994 年。
芦名定道『ティリッヒと弁証神学の挑戦』創文社、1995 年。
芦名定道「ティリッヒのユートピア論」（現代キリスト教思想研究会『ティリッヒ研究』第 3 号、2001 年、73-82 頁）。
芦名定道、小原克博『キリスト教と現代——終末思想の歴史的展開』世界思想社、2001 年。
芦名定道「Ｐ．ティリッヒと科学論の問題」（東北学院大学キリスト教文化研究所『キリスト教文化研究所紀要』第 20 号、2002 年、1-31 頁）。
芦名定道ほか『比較宗教学への招待——東アジアの視点から』晃洋書房、2006 年。
芦名定道「インターネットの普及が新しい可能性を開いた——「広報」から見たキリスト教」（宣伝会議『広報の専門誌　PRIR』2007. July. No.27、22-23 頁）。
芦名定道「日本的霊性とキリスト教」（明治聖徳記念学会『明治聖徳記念学会紀要』復刊第 44 号、2007 年、228-239 頁）。

芦名定道「ティリッヒと宗教社会主義」（現代キリスト教思想研究会『ティリッヒ研究』第 11 号、2007 年、1-19 頁）。
芦名定道編『多元的世界における寛容と公共性――東アジアの視点から』晃洋書房、2007 年。
芦名定道「近代キリスト教と政治思想――序論的考察」（京都大学基督教学会『基督教学研究』第 28 号、2008 年、175-197 頁）。
芦名定道「近代／ポスト近代とキリスト教――グローバル化と多元化」（現代キリスト教思想研究会『キリスト教と近代化の諸相』2008 年、3-18 頁）。
芦名定道「キリスト教政治思想の可能性」（現代キリスト教思想研究会『キリスト教的政治思想の可能性』2009 年、3-26 頁）。
芦名定道「キリスト教と近代的知」（現代キリスト教思想研究会『キリスト教と近代的知』2010 年、1-11 頁）。
芦名定道「京都学派とキリスト教――現状と展望」（『福音と世界』2010.10、新教出版社、30-35 頁）。
芦名定道「キリスト教と近代社会の諸問題――経済・公共性・環境」（現代キリスト教思想研究会『キリスト教と近代社会』2011 年、3-25 頁）。
芦名定道「キリスト教にとっての仏教の意味――近代日本・アジアの文脈から」（日本近代仏教史研究会『近代仏教』第 20 号、2013 年、7-19 頁）。
芦名定道「現代の政治状況のなかのキリスト教」（『キリスト新聞』（キリスト新聞社）、第 3270 号、2013.5.25、一面・論壇）。
芦名定道「科学技術の神学にむけて――現代キリスト教思想の文脈より」（日本宗教学会『宗教研究』第 87 巻、377-2、2013 年、31-53 頁）。
芦名定道「現代キリスト教思想における自然神学の意義」（京都哲学会『哲学研究』第 596 号、2013 年、1-23 頁）。
芦名定道「現代日本における人文学の課題――キリスト教研究の視点から」（北海学園大学『人文論集』第 57 号、2014 年、135-147 頁（北海学園大学人文学部開設 20 周年記念シンポジウム「人文学の新しい可能性」記録）。
芦名定道「東アジアのキリスト教研究とその課題」（日本基督教学会『日本の神学』53、2014 年、172-177 頁）。
芦名定道『近代日本とキリスト教思想の可能性――二つの地平が交わるところにて』三恵社、2016 年。
芦名定道『東アジア・キリスト教の現在』三恵社、2018 年。
芦名定道「生命の神学 2――遺伝子工学の挑戦」（『福音と世界』2018.6、新教出版社）。
芦名定道「原子力の神学――原爆と原発」（『福音と世界』2018.11、新教出版社）。

浅川泰宏『巡礼の文化人類学的研究——四国遍路の接待文化』古今書院、2008年。
ハンナ・アレント『人間の条件』志水速雄訳、ちくま学芸文庫、1994年。(Hannah Arendt, *The Human Condition*, The University of Chicago Press, 1958.)
飯田剛史『在日コリアンの宗教と祭り——民族と宗教の社会学』世界思想社、2002年。
李元範・櫻井義秀編『越境する日韓宗教文化——韓国の日系新宗教　日本の韓流キリスト教』北海道大学出版会、2011年。
石川明人『戦争は人間的な営みである——戦争文化試論』並木書房、2012年。
石川明人『戦場の宗教、軍人の信仰』八千代出版、2013年。
石川照子「中国YWCA（女青年会）の日本観——雑誌『女青年』に日本関連記事の考察」（歴史学研究会編『性と権力関係の歴史』青木書店、2004年、25-34頁）。
池内了『科学の限界』ちくま新書、2012年。
池上俊一『儀礼と象徴の中世』岩波書店、2008年。
一色哲　連載「南島キリスト教史入門——奄美・沖縄・宮古・八重山の近代とキリスト教」（『福音と世界』2014.11～2016.11、新教出版社）。
一色哲『南島キリスト教史入門——奄美・沖縄・宮古・八重山の近代と福音主義信仰の交流と越境』新教出版社、2018年。
今滝憲雄「矢内原忠雄の預言者的精神と平和思想——絶対矛盾的自己同一をモチーフとして」（現代キリスト教思想研究会『アジア・キリスト教・多元性』第2号、2004年、67-96頁）。
岩村信二・森岡清美『教会教育による教会形成——大森めぐみ教会の場合』新教出版社、1995年。
岩谷彩子『夢とミメーシスの人類学——インドを生き抜く商業移動民ヴァギリ』明石書店、2009年。
岩野祐介『無教会としての教会——内村鑑三における「個人・信仰共同体・社会」』教文館、2013年。
鵜飼秀徳『寺院消滅——失われる「地方」と「宗教」』日経BP社、2015年。
鵜飼秀徳『無葬社会——彷徨う遺体、変わる仏教』日経BP社、2016年。
植村正久「世界の日本」明治27年（『植村正久著作集』第一巻、新教出版社、1966年）。
遠藤浩「戦時下の日本YMCA『大陸事業』の評価について——1960～70年代の言説を中心に」（現代キリスト教思想研究会『アジア・キリスト教・多元性』第13号、2015年、19-34頁）。
大木英夫「環太平洋地域のプロテスタンティズム」（古屋安雄・大木英夫『日本の神学』ヨルダン社、1989年、271-282頁）。

大木英夫『組織神学序説――プロレゴーメナとしての聖書論』教文館、2003年。
大濱徹也『日本人と戦争――歴史としての戦争体験』刀水書房、2002年。
大濱徹也『庶民からみた日清・日露戦争――帝国への歩み』刀水書房、2003年。
岡﨑滋樹「矢内原忠雄研究の系譜――戦後日本における言説」(『社会システム研究』第24号、2012年、223-262頁)。
小野寺功『大地の哲学――場所の論理とキリスト教』三一書房、1983年。
小野寺功『評論 賢治・幾多郎・大拙――大地の神学』春風社、2001年。
加藤喜之「南原繁の宗教論――国家論の枠組みの中で」(現代キリスト教思想研究会『キリスト教思想と国家・政治論』2009年、27－42頁)。
鎌田東二「「日本的霊性」を問い直す」(季刊『公共研究』(千葉大学21世紀ＣＯＥプログラム「持続可能な福祉社会に向けた公共研究拠点」)第三巻第一号、2006年、56－78頁)。
菊川美代子「天皇観と戦争批判の相関関係――矢内原忠雄を中心として」(現代キリスト教思想研究会『アジア・キリスト教・多元性』第7号、2009年、51-72頁)。
岸政彦ほか著『質的社会調査の方法――他者の合理性の理解社会学』有斐閣、2016年。
黒川知文『内村鑑三と再臨運動――救い・終末論・ユダヤ人観』新教出版社、2012年。
米井力也『キリシタンの文学――殉教をうながす声』平凡社、1998年。
小柳敦史『トレルチにおける歴史と共同体』知泉書館、2015年。
近藤剛編『現代の死と葬りを考える――学際的アプローチ』ミネルヴァ書房、2014年。
近藤勝彦「プロテスタント的「形成論」の問題――Ｅ・トレルチとＰ・ティリッヒの相違点をめぐって」(『現代神学との対話』ヨルダン社、1985年、242-268頁)。
近藤勝彦『トレルチ研究 上』教文館、1996年。
近藤勝彦「南原繁における「価値併行論」と宗教的神性」(『デモクラシーの神学思想――自由の伝統とプロテスタンティズム』教文館、2000年)。
近藤勝彦『キリスト教弁証学』教文館、2016年。
佐藤真一『トレルチとその時代――ドイツ近代精神とキリスト教』創文社、1997年。
佐藤全弘『カント歴史哲学の研究』晃洋書房、1990年。
佐藤吉昭『キリスト教における殉教研究』創文社、2004年。
柴田真希都『明治知識人としての内村鑑三――その批判精神と普遍主義の展開』みすず書房、2016年。
島薗進「「宗教」の成立――内村鑑三と清沢満之の系譜から」(佐藤弘夫他編集『聖なるものへ――躍動するカミとホトケ』(岩波講座「日本の思想」第八巻)岩波書店、2014年、215-241頁)。
島薗進「現代日本の宗教と公共性――国家神道復興と宗教教団の公共空間への参与」

（島薗進／磯前順一編『宗教と公共空間――見直される宗教の役割』東京大学出版会、2014 年、261-284 頁）。

下畠知志『南原繁の共同体論』論創社、2013 年。

徐亦猛「中国における本色化（土着化）運動の先駆者呉雷川」（現代キリスト教思想研究会『アジア・キリスト教・多元性』第 4 号、2006 年、31-42 頁）。

徐亦猛「中国におけるキリスト教本色化運動――呉耀宗の思想の考察」（現代キリスト教思想研究会『アジア・キリスト教・多元性』第 5 号、2007 年、71-80 頁）。

徐亦猛「中国におけるキリスト教本色化運動――誠静怡についての考察」（現代キリスト教思想研究会『アジア・キリスト教・多元性』第 6 号、2008 年、87-96 頁）。

徐亦猛「中国におけるキリスト教本色化運動――西洋宣教師の動向についての考察」（現代キリスト教思想研究会『アジア・キリスト教・多元性』第 7 号、2009 年、89-100 頁）。

徐亦猛「中国の教会の宗教的儀礼と教会の建徳についての本色化の動き―― 1920 年代を中心に」（現代キリスト教思想研究会『アジア・キリスト教・多元性』第 11 号、2013 年、17-32 頁）。

末畠文美士『明治思想家論――近代日本の思想・再考 I』トランスビュー、2004 年。

鈴木大拙『日本的霊性』1944 年（『鈴木大拙全集 [増補新版]』第八巻）岩波書店）。

鈴木大拙『霊性的日本の建設』1946 年（『鈴木大拙全集 [増補新版]』第九巻）。

鈴木大拙『日本の霊性化』1947 年（『鈴木大拙全集 [増補新版]』第八巻）。

鈴木貞美編『大正生命主義と現代』河出書房新社、1995 年。

鈴木範久監修、藤田豊編『内村鑑三著作・研究目録』教文館、2003 年。

関根正雄『内村鑑三』清水書院、1967 年。

関根正雄「世俗性の問題――竹森氏の批判に答う」（無教会史研究会編『無教会史 III 別冊　対論――教会と無教会』新教出版社、1995 年、162-178 頁）。

徐正敏『日韓キリスト教関係史研究』日本キリスト教団出版局、2009 年。『日韓キリスト教関係史論選』かんよう出版、2013 年。

髙木仁三郎『市民の科学をめざして』朝日新聞社、1999 年。

髙木仁三郎『市民科学者として生きる』岩波新書、1999 年。

髙橋浩「田辺元の「種の論理」と超越――「懺悔道」への転換が指し示すもの」（『鹿児島女子大学研究紀要』Vol.11、No.1、1990 年、195 － 207 頁）。

竹森満左一「キリストの身体なる教会――『無教会キリスト教』をめぐって」（無教会史研究会編『無教会史 III 別冊　対論――教会と無教会』新教出版社、1995 年、132-161 頁）。

武内房司編『越境する近代東アジアの民衆宗教――中国・台湾・香港・ベトナム、そ

して日本』明石書店、2011年。
田中健三「矢内原忠雄に学ぶ現代の預言者像」(『福音と世界』2015.2、新教出版社、12-17頁)。
田中裕『ホワイトヘッド——有機体の哲学』講談社、1998年。
辻学『隣人愛のはじまり——聖書学的考察』新教出版社、2010年。
パウル・ティリッヒ『ティリッヒ著作集・別巻三　キリスト教思想史Ⅱ——宗教改革から現代まで』(白水社、1980年。原著は、1967年)。
パウル・ティリッヒ「若きヘーゲルとドイツの運命(1932年)」(『ティリッヒ著作集第十巻』白水社、所収)。
土屋博『教典となった宗教』北海道大学図書刊行会、2002年。
エルンスト・トレルチ『古代キリスト教の社会教説』教文館、1999年。
エルンスト・トレルチ『ルネサンスと宗教改革』岩波文庫、1959年。
中村元『比較思想論』岩波全書、1960年(2005年)。
中村元監修、峰島旭雄責任編集『講座　比較思想——転換期の人間と思想』北樹出版、1993年。
永本哲也・猪刈由紀・早川朝子・山本大丙編『旅する教会——再洗礼派と宗教改革』新教出版社、2017年。
H・リチャード・ニーバー『アメリカ型キリスト教の社会的起源』ヨルダン社、1984年。(Helmut Richard Niebuhr, *The Social Sources of Denominationalism*, Henry Holt & Co., 1929.)
野田宣雄『教養市民層からナチズムへ——比較宗教社会史のこころみ』名古屋大学出版会、1988年。
量義治『宗教哲学としてのカント哲学』勁草書房、1990年。『緊張——哲学と神学』理想社、1994年。
狭間芳樹「近世における民衆と宗教——キリシタンと一向宗」(芦名定道ほか『比較宗教学への招待——東アジアの視点から』晃洋書房、2006年、63-87頁)。
長谷川千代子『文化の政治と生活の詩学——中国雲南省徳宏タイ族の日常的実践』風響社、2007年。
波多野精一『宗教哲学』1935年(『宗教哲学序論・宗教哲学』岩波文庫、2012年)。
花岡永子『キリスト教と仏教をめぐって——根源的いのちの現成としての「禅」』ノンブル社、2010年。
J・P・バーンズら『古代のキリスト教徒と軍隊』教文館、1988年(原著1985年)。
氷見潔『田辺哲学研究——宗教哲学の観点から』北樹出版、1990年。
ヒロ・ヒライ、小澤実編『知のミクロコスモス——中世・ルネサンスのインテレクチュ

アルヒストリー』中央公論新社、2014 年。
福田歓一「解説 1」（南原繁『国家と宗教ヨーロッパ精神史』岩波文庫、2014 年、所収）。
藤田俊輔「ヤスパース『原子爆弾と人間の未来』における哲学と宗教」（京都大学大学院文学研究科宗教学専修『宗教学研究室紀要』第 10 号、2013 年、79-87 頁）。
古屋安雄編『なぜキリスト教か』（中川秀恭先生八十五歳記念論文集）創文社、1993 年。
古屋安雄「内村鑑三の無教会」（古屋安雄『日本のキリスト教』教文館、2003 年）。
ウルリッヒ・ベック『〈私〉だけの神——平和と暴力のはざまにある宗教』岩波書店、2011 年。
宝月誠ほか著『社会調査』有斐閣、1989 年。
星川啓慈、石川明人『人はなぜ平和を祈りながら戦うのか？　私たちの戦争と宗教』並木書房、2014 年。
前田卓也ほか編『最強の社会調査入門——これから質的調査をはじめる人のために』ナカニシヤ出版、2016 年。
マーク・R・マリンズ『メイド・イン・ジャパンのキリスト教』トランスビュー、2005 年。
三木英・櫻井義秀編『日本に生きる移民たちの宗教生活——ニューカマーのもたらす宗教多元化』ミネルヴァ書房、2012 年。
水垣渉「ヘブライズム・ヘレニズム・キリスト教——比較研究の問題」（武藤一雄・平石善司編『キリスト教を学ぶ人のために』世界思想社、1985 年、24-34 頁）。
宮田光雄『非武装国民抵抗の思想』岩波新書、1971 年。
宮田光雄「近代日本のキリスト教平和思想——内村鑑三の非戦論」（宮田光雄『平和の思想史的研究』創文社、1978 年、75-102 頁）。
宮田光雄『国家と宗教——ローマ書十三章解釈史＝影響史の研究』岩波書店、2010 年。
森田雄三郎『キリスト教の近代性』創文社、1972 年。
森本あんり『アジア神学講義——グローバル化するコンテクストの神学』創文社、2004 年。
柳父圀近『日本的プロテスタンティズムの政治思想——無教会における国家と宗教』新教出版社、2016 年。
役重善洋『近代日本の植民地主義とジェンタイル・シオニズム——内村鑑三・矢内原忠雄・中田重治におけるナショナリズムと世界認識』インパクト出版、2018 年。
カール・ヤスパース『原子爆弾と人間の未来』（Karl Jaspers, *Die Atombombe und die Zukunft des Menschen*, 1958, 7. Aufl., München, Zürich, Piper, 1983.）。

山口周三『資料で読み解く南原繁と戦後教育改革』東信堂、2009 年。
山口周三『南原繁の生涯——信仰・思想・業績』教文館、2012 年。
山口周三「南原繁の「価値並行論」とその今日的意義——特に宗教観に関して」(南原繁研究会編『無教会キリスト教と南原繁』EDITEX、2012 年、151-166 頁)。
山下勝弘『超高齢社会とキリス教会——特に障害者・高齢者と共存する教会形成を考える』キリスト新聞社、1997 年。
山田慎也編『現代日本の死と葬儀——葬祭業の展開と死生観の変容』東京大学出版会、2007 年。
山本澄子『中国キリスト教史研究』山川出版社、2006 年 (東京大学出版会、1972 年)。
ポール・リクール『イデオロギーとユートピア——社会的構想力をめぐる講義』川崎惣一訳、新曜社、2011 年。(Paul Ricoeur, *Lectures on Ideology and Utopia* (ed. by George H. Taylor), Columbia University Press, 1986.)
柳炳徳・安丸良夫・鄭鎮弘・島薗進編『宗教から東アジアの近代を問う——日韓の対話を通して』ぺりかん社、2002 年。
カール・レーヴィット『歴史の意味』未来社、1989 年。
渡部和隆「内村鑑三における予定説理解と万人救済説について」(現代キリスト教思想研究会『アジア・キリスト教・多元性』第 10 号、2012 年、91-110 頁)。

文献 4：欧文文献（著者名などアルファベット順）

Hannah Arendt, *The Human Condition*, The University of Chicago Press, 1958.(ハンナ・アレント『人間の条件』(志水速雄訳、ちくま学芸文庫、1994 年)。

Nigel Biggar, *In Defence of War*, Oxford University Press, 2013.

Fritz Buri, *Budda-Christus als der Herr des wahren Selbst. Die Religionsphilosophie der Kyoto-schule und das Christentum*, Verlag Paul Haupt, 1982.

John Dominic Crossan, *The Historical Jesus. The Life of a Mediterranean Jewish Peasant*, Harper San Francisco, 1992.

Paul Guyer(ed.), *The Cambridge Companion to Kant*, Cambridge University Press, 1992.

Richard A. Horsley, *Jesus and Empire. The Kingdom of God and the New World Disorder*, Fortress, 2003.

Richard A. Horsley(ed.), *Paul and the Roman Imperial Order*, Trinity Press International, 2004.

Karl Jaspers, *Die Atombombe und die Zukunft des Menschen*, 1958, 7. Aufl., München, Zürich, Piper, 1983.（ヤスパース『原子爆弾と人間の未来』。）

Jürgen Moltmann, *Trinität und Reich Gottes. Zur Gotteslehre*, Chr.Kaiser, 1980.（J．モルトマン『三位一体と神の国　神論』新教出版社、1990年。）

Helmut Richard Niebuhr, *The Social Sources of Denominationalism*, Henry Holt & Co., 1929.（H・リチャード・ニーバー『アメリカ型キリスト教の社会的起源』ヨルダン社、1984年。）

Christian Scharen , Aana Marie Vigen (eds.), *Ethnography as Christian Theology and Ethics*, Continuum, 2011.

Paul Tillich, *The Future of Religions*, ed., Jerald Brauer, Harper & Row,1966.（パウル・ティリッヒ、ジェラルド・C・ブラウアー編『宗教の未来』大木英夫、相澤一訳、聖学院大学出版会、1999年）。

J. Mark Thomas (ed.), *Paul Tillich. The Spiritual Situation in Our Techinical Society*, Mercer, 1988.

Paul Tillich, *Systematic Theology. Vol. Three*, The University of Chicago Press, 1963.（パウル・ティリッヒ『組織神学　第三巻』新教出版社、1984年。）

Ernst Troeltsch, *Gesammelte Schriften 1. Die Soziallehren der christlichen Kirchen und Gruppen*(1912), Scientia Verlag, 1977.

Paul Ricoeur, *Lectures on Ideology and Utopia* (ed. by George H. Taylor), Columbia University Press, 1986.（リクール『イデオロギーとユートピア――社会的構想力をめぐる講義』新曜社、2011年。）

Walter Wink, *Jesus and Nonviolence. A Third Way*, Fortress, 2003.（ウォルター・ウインク『イエスと非暴力――第三の道』新教出版社、2006年。）

Phillip Wynn, *Augustine on War & Military Service*, Fortress Press, 2013.

Takahashi Yasuhiro, "Ucimura Kanzo and His Pacifism," in: Shibuya Hiroshi and Chiba Shin (eds.), *Living for Jesus and Japan. The Social and Theological Thought of Uchimura Kanzo*, Eerdmans, 2013, pp.55-68.

人名索引

ア行
アウグスティヌス：86
赤江達也：8-11、15、17、20、64
アーノルド、マシュー（Matthew Arnold）：97
アリストテレス：85
アーレント、ハンナ（Hannah Arendt）：40、67、68、70、76
飯田剛史：108
イエス：85-87、98
池上俊一：43、60
一色哲：104、115
井上哲次郎：38
今滝憲雄：62
岩野祐介：13、18、63
ヴィンデルバント（Wilhelm Windelband）：84
ヴェーバー、マックス（Max Weber）：8、9、11
植村正久：31、40
鵜飼秀徳：109、112
内村鑑三：7、8、11-21、24、31-40、43、45-54、58、60-63、73、79、97
内村ルツ子：50
海老名弾正：31
大木英夫：105、106、112、115
大塚久雄：8
大濱徹也：44、60

カ行
鎌田東二：38
川合信水：17
ガンディー（Mohandas Karamchand Gandhi）：61
カント（Immanuel Kant）：82-85、87-90、92、97-99
木村清松：47
マルティン・ルーサー・キング（キング牧師。Martin Luther King Jr.）：61
黒川知文：47
米井力也：103、104
近藤勝彦：11、12、21、77、79、95-97、100

サ行
佐々木閑：109
佐藤吉昭：103、112、114
柴田真希都：20
島薗進：75
徐亦猛（シュ・イーモン）：61
正力松太郎：67
親鸞：36、40
末木文美士：40
鈴木大拙：23-32、36-38、40、64
関根正雄：8、15-17、20、50

タ行
高木仁三郎：73、78
竹森満左一：8、20
田中耕太郎：98
田辺元：93、94、100
ティリッヒ、パウル（Paul Tillich）：18、22、26、39、67、70-74、76-78、99
塚本虎二：13-15、17、18、21
土屋博：21
手島郁郎：17、18

トインビー (Arnold Toynbee)：69、76
トルストイ (Lev Nikolayevich Tolstoy)：61
トレルチ (Ernst Troeltsch)：8-12、19、21、80、84、86、97-99

ナ行
中沢洽樹：15
中田重治：47
南原繁：79-100
日蓮：40
ニーバー、H・リチャード (Helmut Richard Niebuhr)：12、21
野田宣雄：21

ハ行
パウロ：98
波多野精一：97
バルト、カール (Karl Barth)：100
ハルナック (Adolf von Harnack)：86
福田歓一：100
藤井武：49、50
藤田若雄：10
プラトン：81、82、85、87、90、95、97
古屋安雄：12、21
ヘーゲル (Georg Wilhelm Friedrich Hegel)：89-91、99
ベック、ウルリッヒ (Ulrich Beck)：100
ホースリー (Richard A. Horsley)：98
法然：36、40
ホワイトヘッド (Alfred North Whitehead)：105、115

マ行
前田護郎：15
松村介石：17
マリンズ (Mark R. Mullins)：17、21
マルクス、カール (Karl Marx)：90

宮田光雄：40、61、62、64、100
森田雄三郎：11、21
森本あんり：38
モルトマン、ユルゲン (Jürgen Moltmann)：60

ヤ行
柳父圀近：20
役重善洋：20、64
ヤスパース、カール (Karl Jaspers)：75
矢内原忠雄：10、20、37、38、43、50-58、62-65、66-70、73、75、76、89、99
湯川秀樹：67
山口周三：98、100
山本澄子：45、61

ラ行
リクール、ポール (Paul Ricoeur)：72、77
リッケルト (Heinrich John Rickert)：84
レーヴィット (Karl Löwith)：99

芦名 定道（あしなさだみち）

1956年生まれ。京都大学大学院文学研究科博士後期課程（キリスト教学）修了。京都大学博士（文学）。大阪市立大学講師・助教授を経て、現在、京都大学大学院文学研究科・教授（キリスト教学担当）。
主な著書：『宗教学のエッセンス――宗教・呪術・科学』（1993年、北樹出版）、『ティリッヒと現代宗教学』（1994年、北樹出版）、『ティリッヒと弁証神学の挑戦』（1995年、創文社）、『自然神学再考――近代世界とキリスト教』（2007年、晃洋書房）、『近代日本とキリスト教思想の可能性』（2016年、三恵社）、『東アジア・キリスト教の現在』（2018年、三恵社）など。

キリスト教研究叢書
東アジア・キリスト教研究とその射程
―無教会キリスト教を中心に―

2019年3月28日　初版発行

著　者　　芦名 定道
定　価　　本体価格 2,000円＋税
発行所　　株式会社 三恵社
　　　　　〒462-0056 愛知県名古屋市北区中丸町2-24-1
　　　　　TEL 052-915-5211　FAX 052-915-5019
　　　　　URL http://www.sankeisha.com

本書を無断で複写・複製することを禁じます。乱丁・落丁の場合はお取替えいたします。
©2019 Sadamichi Ashina　　　ISBN 978-4-86487-962-0 C3016 ¥2000E